中外价值观教育
前沿论丛

顾　问 杨晓慧
总主编 高　地

美国犹太人
价值认同研究

孟茹玉 著

商务印书馆
创于1897 The Commercial Press

图书在版编目(CIP)数据

美国犹太人价值认同研究 / 孟茹玉著. — 北京 : 商务印书馆, 2021
ISBN 978-7-100-20113-1

Ⅰ. ①美… Ⅱ. ①孟… Ⅲ. ①犹太人—价值论—研究—美国 Ⅳ. ①K18

中国版本图书馆CIP数据核字(2021)第133923号

中外价值观教育前沿论丛
顾　问　杨晓慧
总主编　高　地
美国犹太人价值认同研究
孟茹玉　著

商　务　印　书　馆　出　版
（北京王府井大街36号　邮政编码100710）
商　务　印　书　馆　发　行
艺堂印刷（天津）有限公司印刷
ISBN 978-7-100-20113-1

2021年8月第1版　　开本710×1000　1/16
2021年8月第1次印刷　　印张10½
定价：58.00元

目 录

总 序

一

当今世界正处于百年未有之大变局。这既是一场发生在经济与政治领域的深刻变局，也是一次人类价值秩序的深度变革。一方面，随着中国的和平稳步崛起，我国的国际地位和世界影响力显著提升，推动构建人类命运共同体、共建“一带一路”倡议得到了国际社会积极响应，赢得了世界人民的广泛认同，中国价值正在全世界显示出前所未有的影响力和感召力。而与之相对的，是老牌发达资本主义国家经济增长乏力，政治与社会风险加剧，长期以来构成西方主导意识形态的自由主义价值秩序面临着越来越严重的深层困境。恰如习近平总书记所言，“我国处于近代以来最好的发展时期，世界处于百年未有之大变局，两者同步交织，相互激荡”。

价值秩序变革必然伴随着激烈的价值冲突。全球化时代，原本植根于不同经济基础、文化样态和制度模式的各类价值观逐渐相互激荡、彼此碰撞，包括现代价值与传统价值的碰撞、世俗价值与宗教价值的碰撞、社会主义价值与资本主义价值的碰撞等。尤其在保护主义、孤立主义与民粹主义大行其道的当下，文明间的交流互鉴与相互理解显得格外重要。习近平总书记指出，“文明是多彩的。人类文明因多样才有交流互鉴的价值。文明是平等的，人类文明因平等才有交流互鉴的前提。文明是包容的，人类文明因包容才有交流互鉴的动力”。以更加开放包容的精神，积极吸收和借鉴人类文明的有益成果，同世界各国一道携手构筑“和平、发展、公平、正义、民主、自由”的全人类共同价值，为社会发展进步提供正确的精神指引和强大的精神动力，是当代中国价值观建设的重要使命。

从价值秩序变革和价值冲突加剧的背景出发，教育的基础性、先导性地位愈发得到凸显。为了应对复杂的世界局势，确保未来的生存权和发展权，世界各国都日益注重通过教育树立主导价值，凝聚价值共识，为本国、本民族培养人才。可以说，价值观教育已经成为一个兼具民族性与世界性的人类课题。对于中国而言，中国价值的影响力和感召力既取决于中国价值观自身的科学性、真理性，同时也取决于能否开展行之有效的价值观教育与对外价值传播。党的十八大以来，我国高度重视通过价值观教育承载马克思主义理论研究和实践传播，广泛开展培育和践行社会主义核心价值观、大中小学思想政治理论课建设、深化创新爱国主义教育等实践活动，为全社会的有序运行、良性发展提供了明确的价值准则和价值引领，在各种利益矛盾与思想差异之上最广泛地形成了价值共识和团结奋斗的强大精神力量。与此同时，我们大力推动中国文化走出去，尽力讲好中国故事、阐述中国理念、展示中国魅力，使世界人民更加理解和认同中国价值观，有效提升了中国价值的影响力与感召力。

从价值秩序变革和价值冲突加剧的背景出发，还需要深刻把握世界价值观教育发展的重大课题，既包括如何进一步创新发展、不断提升科学性和有效性的长期性课题，也包括在多元文化交融交锋背景下如何“保持本色”和“引领世界”的时代性课题。对此，我们要统筹把握中华民族伟大复兴战略全局与世界百年未有之大变局，立足以文明交流互鉴推动构建人类命运共同体的战略高度，秉持“以我为主、为我所用”的原则，以全面建设社会主义现代化国家的重大战略需求为引领，不断加强中外价值观教育的交流合作与对话沟通，系统研究世界各国价值观教育的理论创新与实践范式，深入把握价值观教育的普遍规律与特殊现象，科学考察不同历史文化背景下大众传播的价值心理和接受惯习，全面认识中外价值理念的差异性和相通性，为“对内凝聚价值共识”和“对外讲好中国故事”提供价值遵循，使当代中国形象更加闪亮起来，使人类命运共同体理念更加深入人心，使人类和平发展事业更加行稳致远。这是新时代加强国际价值观教育比较研究的本质意涵与根源所在。

二

放眼世界，价值观教育是人类社会一项具有普遍性的实践活动，广泛被各国政府、政党、集团、社会团体等用来宣扬特定的价值观，以实现一定的教育和政治目的。虽然不同国家在意识形态、政治制度、价值立场、基本国情、社会现状等方面存在着显著差异，价值观教育的目标、内容和方略也不尽相同，但价值观教育在维护社会稳定、巩固主流意识形态、强化主导政治文化等方面的目的是一致的，这构成了中外价值观比较研究得以可能的现实基础。

国际价值观教育比较研究主要关注世界各国开展价值观教育的基本路径、特色做法和经验教训，旨在基于对国际价值观教育实施状况的全面把握，以总结特点、发掘规律，为我国价值观教育的创新发展提供有益启发，服务于筑牢国家意识形态安全与文化强国建设。虽然国内外在价值观教育的称谓上有所不同，例如道德教育、公民教育、政治教育、宗教教育、爱国主义教育等，但无论哪种称谓，其实质都是围绕“价值观”的教育。道德教育主要关注道德价值观的形成和发展，公民教育主要关注政治和社会价值观的培育和养成，宗教教育主要关注宗教价值观的宣扬和传播。也就是说，这些名称虽各有不同，但都有一个共同点，那就是体现了价值观在教育中的必要性与合法性，体现了国家、学校、社会在培育价值观方面的重要性。这种内在的共通性和一致性为我们把握价值观教育与其他德育活动之间的关联，以及处理好价值观教育的“名实之辩”问题提供了可能。

国际价值观教育比较研究一直都是我国比较思想政治教育学、比较教育学、哲学等学科的重点关注领域，基于不同学科视域开展的国际价值观教育研究也各有侧重。比较思想政治教育学注重将价值观教育国际比较放在国家主导意识形态与教育实践的互动关系之中加以审视，着重探究价值观教育如何发挥巩固政权和稳定社会的功能；比较教育学侧重于从教育实践活动本身出发开展研究，深入系统把握各国价值观教育在目标、内容与方法方面的理论动态和基本特点；哲学更加关注价值观教育折射出的特定国家与民族的思想意蕴和价值取向，从而把握其背后所蕴含的国家哲学与社会思潮动态。可以说，目前国内学界已经在价值观教育国际比较研究方面取得了较为突出的研究成果。但总体来看，目前这一领域还存在着较为广阔的拓展空间，还面临着如何从注重规模扩张的宏观勾勒转向注重质量提升的内涵式发展的问题，具体包括进一步夯实理论基础、丰富国别研究、加强微观透视、创新研究范式、服务中国需要等重大任务，这都构成了未来进一步丰富发展国际价值观教育比较研究的可能路径。近年来，学界已经开始了深化和扩展在这方面的努力尝试，在已有的丰硕成果基础上，专门围绕价值观教育国际比较的基础理论、国别样态、可借鉴性等问题形成了一批高质量研究成果，为进一步把握价值观教育的本质和规律、提升价值观教育的科学化水平做出了重要贡献。

在全面建设社会主义现代化国家新征程的时代方位下，我们需要从全面建设社会主义现代化国家、构建人类命运共同体的战略高度开展国际价值观教育比较研究，广泛深入调研世界典型国家价值观教育在指导理论、总体战略、制度设计、实施路径、教育成效上的基本状况，全面把握世界价值观教育的总体态势与发展特点，着力研究当代世界价值观教育前沿问题和发展趋势，系统总结当代世界各国价值观教育的典型经验与失败教训，进而为新时代新阶段我国培育践行社会主义核心价值观和对外传播中国价值、讲好中国故事、提升国际话语权提供有益借鉴和理论参考。

三

《中外价值观教育前沿论丛》（以下简称“论丛”）是东北师范大学思想政治教育研究中心（以下简称“中心”）推出的“比较思想政治教育研究”系列成果之一。论丛秉持“以我为主、批判借鉴、交流对话”的基本原则，对国外多个典型国家的价值观教育状况进行了深度透视与全面把握，意在拓展原有论域，进一步深化学术研究、强化学科建设、服务国家需要。

中心是国内学界较早关注该领域的研究团队之一，多年来一直将“价值观教育的国际比较”作为主要研究方向。先后获立多项国家社科重大项目和教育部重大攻关项目、获批“当代青少年德育研究学科创新引智基地”（“111”计划）、承担国家留学基金委“中外青少年德育比较研究创新型人才培养项目”、推出“高端研究成果外译计划”。在成果出版方面，正在规划推出“译丛”“论丛”和“教丛”系列“比较思想政治教育”研究成果。其中，《思想政治教育前沿译丛》已在人民出版社完成第一辑出版。《中外价值观教育前沿论丛》则集合了中心团队近年来在国际价值观教育领域的最新研究成果。未来还计划推出相应系列教材。

这套论丛在研究对象选取方面，以不同的政治制度类型、社会发展程度、民族文化传统和价值观教育典型性为遴选原则，以美国、俄罗斯、日本、加拿大、新加坡以及欧洲部分国家为研究对象，旨在综合把握不同国家价值观教育的一般样态与典型特质，并在时间向度上揭示民族国家价值观教育内容与形式的历时态变迁规律。

在研究点位选取方面，论丛主要针对国外价值观教育的三类典型主体——国家、学校和社会三个层面展开调查研究，分别就国家战略与制度设计、课程体系与实践方式及运行体系与实施载体等维度进行考察，重在分析多元主体在价值观教育中的职责使命、作用方式及其相互间的协同配合机制。其中，又着重关注考察国外价值观教育在学校教育层面的基本做法，包括课程建设、教材设计、教法实施等。

在理论视域方面，论丛基于我国价值观教育研究的学科立场和理论范式，不局限于“价值观教育”的概念称谓，而是广泛着眼于国际道德教育、品格教育、公民教育、历史教育、政治教育、宗教教育等多种德育活动，力图实现对国际价值观教育理论与实践的全景式把握。

在受众群体方面，论丛主要面向四大读者群：一是思想政治教育学、教育学、政治学、社会学等领域的理论工作者；二是教育主管部门决策者、中小学及高校一线教师、辅导员等思想政治工作者；三是思想政治教育、道德教育、比较教育等相关专业的本科生和研究生；四是对价值观教育问题拥有浓厚兴趣的读者朋友。

论丛在研究过程中特别重视价值取向与意识形态立场。但由于是涉及国外的研究，有些内容可能是对国外价值观教育的还原与呈现，请读者加以注意辨别，批判性地进行阅读和思考。

杨晓慧

2021 年 4 月于东北师范大学思想政治教育研究中心

绪　论

一、问题缘起

“人类社会发展的历史表明，对一个民族、一个国家来说，最持久、最深层的力量是全社会共同认可的核心价值观。核心价值观，承载着一个民族、一个国家的精神追求，体现着一个社会评判是非曲直的价值标准。”[①]对于不同的民族或国家而言，社会价值共识的识别和凝聚都需要经历一个价值认同的过程。实际上，当前社会主义核心价值观的培育和践行，也正是价值认同的建构工作。价值认同是人们基于对个人生命和社会发展及其相互关系的体认和理解，建构而成的有关“我是谁”“我们是谁”的身份角色归属，以及由此产生的价值意识、价值追求和价值实践。因此，价值认同既具备观念特征，又具备实践特征；既表征着价值互动的过程，又暗含着价值演变的结果。价值认同既是个体确证自我身份、塑造价值信仰的根本途径，又是群体凝心聚力的动力之源。下面将从四个方面来分析美国犹太人价值认同问题的研究背景。

（一）现代人类精神危机与价值观重塑

价值认同是个现代性问题。在日趋多元多变多样的现代社会，人们应当认同和确认何种价值观？如何经由对这种价值观的确认，建构富有生命张力和现代性指向的精神生活？这是现代人类生存发展面临的突出问题。在西方，“整个中世纪对于人的本质的理解建立在人与神的关系的基础之上。人在上帝面前无比卑微，人被贬低为上帝的奴仆和证明上帝神圣的工

---

① 习近平．青年要自觉践行社会主义核心价值观——在北京大学师生座谈会上的讲话［N］．人民日报，2014-05-05.

具的地位，将人对上帝的服从看成是人的最高本质”①，人的理性与感性皆泯灭于神性之中。直到文艺复兴，神学的统治地位才逐渐让位于人自身的主体地位，人开始重新认识自己，主张恢复其尊严与价值。然而，人类从神的阴影下走出来，又走向了资本的牢笼，在资本逻辑的宰制之下，人的本质发生了改变和扭曲。伴随着消费主义的兴起，人们物质欲求的不断膨胀造成了信仰的坍缩和价值的失范。而全球化进程使得人被无限放大而又无限缩小，人类生活面临着本体性焦虑与存在性问题。20 世纪中叶以来，当代技术革命等生产方式的变化推动了人类文明形态的变革及转换，于是构成了当代人类特殊的生存困境：一是以技术革命为基础的对自然的攫取所造成的“全球问题”，二是由对物的依赖性造成的人的“物化问题”。人的物化问题，是当代愈益突出和最为根本的“全球问题”，它构成了当代人类生存的深层的文化危机和空前的价值观震荡。当代社会思潮中出现的两极对立模式的消解、英雄主义时代的隐退、高层精英文化的失落、理性主义权威的弱化等诸多特征，在人类精神生活的集中表现，就是人们愈益深刻地感受到的“精神家园”的失落、“无根”的意识、“没有标准的选择”以及“信仰缺失”、“形上迷失”和“意义失落”等等。② 在现代性的社会条件下，人们的价值方向感常常被现实环境中的迷雾所困扰，往往在价值绝对主义和价值相对主义的两极之间徘徊、迷失。对“认同”问题的关注常常是在认同危机的倒逼之下产生的，而认同危机又与全球化狂飙突进的时代背景密不可分。吉登斯指出：“‘我是谁’或者‘我们是谁’的问题一直是人类非常关注的问题。在全球时代，它们不是你‘想要’问的问题，而是你‘必须’要问的问题。因为在这种时代，与往昔相比，传统已具有了完全不同的意义。”③ 随着现代科技的发展，人们曾经所习惯的空间边界和物理边界被不断地打破和超越，人们的社会交际网络也从原有的熟悉的日常社会场景延伸至陌生甚至虚拟化的场景。“确定性的消失、空间的流动性以及全面的相对化置换着不断变化的时间概念、空间概念和文化概

---

① 娄淑华，杨勇．中西政治社会化方法论之比较分析［J］．政治学研究，2008（02）．

② 孙正聿．当代人类的生存困境与新世纪哲学的理论自觉［J］．社会科学辑刊，2003（05）．

③ ［英］安东尼·吉登斯．全球时代的民族国家［J］．中山大学学报（社会科学版），2008（1）．

念”[①]，伴随着风险而来的本体性焦虑进一步加深了对确定性的渴求，于是使身份认同、价值认同成为更加无法回避的问题。

（二）当代中国发展崛起与价值观引领

价值认同是个中国式问题。在以整体性转型升级为核心特征的当代中国，我们既面临着如何维持物质财富持续增长、经济发展稳中求进的问题，也面临着如何促进精神力量不断彰显、社会共识有效凝聚的问题。如何在经济发展转型升级与社会矛盾冲突不断加剧的背景下，通过价值观层面的引领和塑造，确保民族复兴、国家富强、人民幸福同步有效实现，是现代中国人需要着力解决的重大问题。中华文明之所以能够历经五千年的风雨洗礼而绵延至今，一方面缘于其强大的新陈代谢能力，能够在继承创新中不断发展，在应时处变中不断升华；而另一方面则得益于传统中国相对封闭而稳定的社会结构和空间环境。然而，近代以来的中国遭遇了前所未有的时代变局。我们在鸦片战争的战火中被迫打开国门，我们也在冷静分析形势之后主动选择了改革开放。这些历史际遇让中华民族更加珍惜辉煌灿烂的中华文明，也更加渴望中华民族的伟大复兴。而这样的中国梦恰恰是我们凝聚人心、凝聚共识，为当代中国发展崛起不断充实力量的制胜法宝。习近平同志说：“历史告诉我们，每个人的前途命运都与国家和民族的前途命运紧密相连。国家好、民族好，大家才会好。”[②]中华民族伟大复兴和中国梦的实现，要以文化自信为精神基石。“文化自信既是基于我们民族苦难和奋斗史的文化自觉与自豪，又是我们民族寻找自身伟大复兴之路的文化史的展示；是一种既热爱自己的民族文化又海纳百川的包容精神，是一种既积极奋进又不卑不亢的文化精神。”[③]而文化自信的核心在于价值观的自信。这种价值观的自信既要从历史文化传统当中汲取能量，更需要在世界文明的交流互鉴中得以彰显。

（三）美国犹太社团发展与价值观力量

价值认同是个世界性问题。源起于四千多年前的犹太文明，之所以繁衍不断，历经苦难而生生不息，一个重要原因就在于他们在民族传统持守与融入所在国家之间保持了必要的张力与平衡，其中价值观因素居功至伟。

① 金太军，姚虎. 国家认同：全球化视野下的结构性分析［J］. 中国社会科学，2014（6）.

② 习近平 . 在参观《复兴之路》展览时的讲话［N］. 人民日报，2012-11-30.

③ 陈先达 . 建设社会主义文化强国［N］. 人民日报海外版，2017-11-21.

虽然早期犹太文化相对集中地产生在迦南和中东地区，但在犹太文化的历史沿革中，犹太文化成长的空间环境发生了明显的变化，特别在犹太人的流散历史开始后，犹太文化的存在空间无疑具有了一种“泛家园”的世界化性质。从犹太文化整体的产生空间及历史流程的双维视野综观犹太文化，不难发现，由于犹太文化常常处于一种空间的转换之中（这一特征几乎自其发轫之初便有了典型表现，而在流散时期更成为一种普遍的文化特征并造就了相应的文化事实），同时也由于犹太人的文化历史在很大程度上具体表现为一种历时性的流浪式的文化迁徙和文化演变。① 一位学者曾经指出，犹太民族的流散方向，恰恰与世界历史发展的潮流相吻合②，美国犹太人则是其中最具代表性的一个分支。美国犹太人之崛起与纳粹屠杀犹太人、以色列建国被认为是20世纪犹太教史上的三件大事。2017年度的《美国犹太年鉴》数据显示，美国犹太人数量达到680万，成为仅次于以色列的世界第二大犹太社团，占全球犹太人总数的近40%。美国犹太人在美国社会和全球犹太社团中都扮演着至关重要的角色，他们不但为以色列的建国、立国、强国之路立下了汗马功劳，甚至对美国的内政外交政策也起到了举足轻重的影响。美国犹太社团已经成为犹太民族除以色列之外的第二个文化中心和权力支柱，他们不但在美国社会各族裔当中从“边缘群体”跻身“关键少数”，而且在相当程度上引领着犹太民族文化的现代化进程。恩格斯曾经说过，“在我们的最优秀的人物中有许多都是犹太人”③，犹太人在经济、政治、文化等多个领域所取得的成就，离不开他们的价值理性和文化弹性，因此深入挖掘美国犹太社团崛起背后的内在价值观力量十分必要。

（四）比较思想政治教育与价值观建设

价值认同是一个思想政治教育问题。价值观研究是思想政治教育学科最为核心的话题之一，价值观不仅仅是对客观世界的意义和价值的反映和判断，且一旦形成，就会对行动、态度、情感等产生潜移默化的影响和指引作用。实际上，思想政治教育所关注的“认同”问题，说到底就是价值认同问题。价值认同本身内含着价值观念的认同和行为实践的认同两个方面，因此不论是在中国特色社会主义核心价值观的培育过程，还是中国特

① 刘洪一．犹太文化要义［M］．北京：商务印书馆，2004.
② 宋立宏．谁是“犹太人”——关于“Ioudaios”的札记［J］．历史研究，2007（2）.
③ 恩格斯．马克思恩格斯全集［C］．第22卷．北京：人民出版社，2006：60.

色社会主义社会的发展建设过程中，价值认同都起到至关重要的作用。价值存在于主体和客体的关系之中，价值认同更是在社会交往实践中才得以生成的，因此我们研究价值认同的相关问题也无法脱离现代化、全球化的宏观现实背景。目前来看，有关认同和价值认同的研究仍以西方的学术话语体系为主流，因此思想政治教育在突出比较之维的同时，更应当不断致力于价值认同的学术探索，彰显学科价值。有学者在探讨学科话语体系建构的问题时指出，“西方学界在构建现代哲学社会科学话语体系时，拿西方以外的社会当镜子照他们自己，以自己为中心构建了学术话语体系，而包括我国在内的非西方国家却没有经历这个过程。我国哲学社会科学研究要想摆脱话语依附，需要到海外去做田野调查，拿外国社会当镜子，在此基础上以我们自己为中心构建学术话语体系。这样的往来互动对于我国哲学社会科学话语体系构建具有特殊的意义和价值。”① 中华民族和犹太民族有着上千年的友好交往史，研究美国犹太人的价值认同，对于促进我国现代化进程中的文化自信与价值自觉，推进中国特色社会主义核心价值观的培育和践行，推动优秀民族传统文化的创造性转化与创新性发展，以及实现思想政治教育学科正确认识中国特色与国际比较的历史使命，都有着极端重要的价值。

二、相关文献综述

本书的研究对象是“美国犹太人价值认同”。“美国犹太人”限定了研究群体的特定范围，即“研究谁”的问题，本书主要关注流散于世界各地的犹太人当中的美国分支；“价值认同”限定了研究的主旨范围，即“研究什么”的问题，本书主要在分析美国犹太人价值认同内在张力对其教育实践的基础上，对美国犹太人的价值认同问题加以理性的审视，探索和挖掘美国犹太人价值认同的发生机制及与之相应的文化品性。基于以上研究对象的界定，现对国内外学界对美国犹太人价值认同研究的情况归纳综述如下。

（一）国内相关研究的历史与现状

国内的犹太研究有着较为悠久的历史，最早的研究成果集中在中国犹

① 田毅鹏 . 在比较研究中构建学术话语体系［N］. 人民日报，2017-06-19.

太人这一研究主题。学者杨海军曾在20世纪末系统梳理过中国犹太人研究近百年的学术历程。他指出，我国学者的犹太研究，最早可追溯到1897年洪钧在《元世各教名考》一文里对中国犹太教的考证。随后1913年叶瀚发表的《一赐乐业教碑跋》，以及1920年陈垣的专论《开封一赐乐业教考》也以中国犹太人为研究对象展开研究。实际上，这两篇文章所谈的“一赐乐业”就是“以色列”一词的古音译。杨海军将中国犹太人研究这一百多年的历史划分为四个时期：20世纪初至新中国成立前是研究的起步时期，研究偏重于对史料进行类比、辨伪和考证，主要论及河南开封及其他地区的犹太人，同时出现了少量译文；新中国成立初期至20世纪70年代末是第二时期，我国学者开始自觉运用历史唯物主义的观点和方法来进行研究；20世纪80年代是研究的第三时期，进入了专题研究阶段，并陆续将研究成果介绍到国外，扩大了国内研究的影响范围；20世纪90年代至今是研究的第四个时期，学者一方面继续对开封犹太人进行研究，一方面加强了其他地区，特别是上海犹太人的研究。[①] 这些研究为后续的犹太研究奠定了坚实的基础，也引领了学者们对犹太历史、犹太文化、犹太教以及犹太人与居住地价值观念的互动交流等方面的深入研究。改革开放以来，随着中国与世界其他地区的联系交流不断加强，犹太人研究涉及到的地域和领域也不断拓展、延伸。

20世纪末期，我国陆续成立了多个犹太研究中心，南京大学、山东大学、河南大学等知名高校下属的犹太研究所等成为国内犹太研究的重镇，极大地推动了我国犹太研究的开展和深入。这些机构对于犹太人研究的切入点各不相同，有的侧重于犹太宗教与历史文化的研究，有的侧重于当代犹太政治的研究，有的则侧重于本地犹太人的实证研究。对美国犹太人及其价值认同的相关研究也起始于这一阶段。价值认同是与主体生命历程、生存状态及其生活世界紧密相关的，因此美国犹太人的价值认同问题，与犹太民族的历史文化、在世界范围内的流散迁移以及犹太人的当前发展有着密不可分的联系。我国犹太研究领域不少知名学者，如顾晓鸣、傅有德、刘洪一、张倩红等人都对犹太文化进行了深入而系统地研究，并且出版了质量颇高的学术著作，但是当前针对美国犹太人群体展开研究的著作为数

---

① 杨海军. 中国犹太人研究80年［J］. 中国社会科学，1994（3）.

不多，相关学术成果仍以期刊文章为主。其中，与美国犹太人价值认同研究相关的研究成果主要有以下几个方面：

美国犹太教的发展改革与价值认同。美国犹太教的改革与变迁是研究美国犹太人历史文化当中最重要的方面，对犹太文化及犹太精神起到了主导和规约的作用。犹太教是犹太文化的精神价值内核，很多学者尝试以犹太教为立足点，试图分析犹太民族文化、民族精神的实质内涵，探索犹太民族几千年来流而不散的核心凝聚力，并为当今中国提供启示借鉴。从19世纪初至20世纪初，犹太教在美国经历并完成了改革运动，其改革的指向是使犹太教走向理性化、民主化和现代化，剔除神秘主义和简化烦琐的教规礼仪。有学者认为，美国犹太教改革运动是多重因素合力促成的，有其深刻的思想渊源。美国犹太教改革运动深受马丁·路德领导的欧洲宗教改革的影响。同时，在启蒙理性的指引下，美国犹太教改革运动承续犹太教“哈斯卡拉”运动的思想路径并发扬光大。此外，美国的自由主义精神和宗教宽容给犹太教改革运动提供了思想的沃土。同时美国本土的基督教的强大加上自然神论的冲击，也构成倒逼犹太教走向改革道路的重要因素。①

反犹主义与价值认同。反犹主义在世界范围内的消长一直是西方学界密切关注的话题，尤其是“大屠杀”研究在西方更是一门显学。美国的纳粹屠犹相关研究始终绕不开美国犹太人群体。学界普遍认为，反犹主义反向推动了犹太人的身份认同，使他们在外部压力下紧紧团结在一起，在几千年的历史进程中流而不散、生生不息。由于犹太社团在美国的成功及其积极推动，大屠杀逐渐成为犹太民族认同的核心要素乃至美国社会文化的重要部分，也成为影响美国犹太人参与人权外交的独特因素。大屠杀幸存者和教研群体实际上成为人权网络的重要支持者，大屠杀教育则成为美国公民道德教育和人权教育的重要平台。大屠杀留给犹太人的受害者身份使他们容易透过“大屠杀棱镜”去认识世界各地发生的人道主义危机，“有所作为”而不是做“冷漠的看客”成了一种道义要求。与大屠杀相关的事物和语汇也成了强有力的象征，可以借此开展宣传、动员和意义架构。②

美国犹太人的民族认同及国家认同研究。这类研究主要着眼于美国犹

① 唐立新.美国犹太教改革运动的思想源流［J］.求是学刊，2014（6）.

② 汪舒明.纳粹大屠杀、美国犹太人与人权外交［J］.社会科学，2009（11）.

太人的“犹太性”的保持、“美国性”的特征以及二者之间的和谐互动与矛盾张力。学者研究这一问题的侧重点有所不同，有的学者倾向于美国犹太人“犹太性”的保持，有的学者侧重于美国犹太人“美国性”的建构，还有的学者侧重于美国犹太人“犹太性”与“美国性”的互相联动与相互塑造。学者邓蜀生是研究美国犹太人较早的一批学者之一，他于 1898 年在《世界历史》上发表文章，初步探讨了美国犹太人的同化进程。[①] 唐立新从历史的角度分析了美国犹太民族在多元文化背景下的生存发展之道，他从犹太人的四次美国移民潮和反犹主义的在美国的发展来说明，犹太人在美国被接纳、同化，获得了前所未有的良好生存环境与发展机遇。他认为，“现代美国犹太人既是一支解构性的力量，勇于打破压迫和垄断，摧毁权威和霸权，同时也是一支建设性的力量，为美国社会重建时代精神，重塑时代形象做出了杰出贡献”[②]。有的学者试图从犹太教、犹太文化与美国本土宗教与文化的互动关系来阐释这一问题。金晓芬从犹太文化在美国的传承与变迁角度，分析了美国犹太人价值认同在国家与民族层面的互动特性。她指出，犹太文化对传统精神的熏陶与对异质文化的某些吸收几乎是同时进行的，当今的犹太文化是一种在保持犹太精神的同时吸收美国文明诸多要素而形成的一种新型的犹太文化，也是美国主体文化中的一种新的亚文化，犹太文化的“犹太性”与“美国性”已经是合二为一、不可分割的整体了。[③] 罗爱玲分析了犹太人在美国娱乐传媒业、新闻出版业、文艺界等主要文化领域中的突出表现，反映出犹太人的适应性与卓越性。同时，她还分析了美国犹太文化珍视传统、重视整合、忧患意识和强烈的自由主义色彩，以及这些特质在美国多元文化、美国价值观教育等方面产生的影响。[④] 有的学者从犹太人在美国社会的融入与发展，以及“犹太性”在美国社会面临的威胁等方面探讨了这一话题。[⑤] 还有的学者从美国犹太人的教育、美国犹太社团的兴衰、犹太拉比的历史作用等侧面，丰富了犹太民族认同与

---

① 邓蜀生．美国犹太人同化进程初探［J］．世界历史，1989（2）．

② 唐立新．多元文化背景下的美国犹太民族的生存发展之道［J］．深圳大学学报（人文社会科学版），2008（4）．

③ 金晓芬．论犹太文化在美国的传承与变迁［J］．新学术，2008（03）．

④ 罗爱玲．美国犹太人及其对美国文化的影响［J］．世界民族，2004（2）．

⑤ 魏啸飞．当代美国犹太人的犹太性［J］．思想战线，2009（4）．

国家认同的研究内容。[①②③]

美国犹太文学与价值认同。身份和身份认同是一切文学中不可避免的主题。[④]美国犹太人对于个体身份、族群身份有着相当的敏感性，而这些往往又通过文学作品折射出来，因此美国犹太文学是研究美国犹太人价值认同不可忽视的一部分。我国学者从20世纪就开始关注美国犹太文学，及其背后所蕴含的文化机理与身份价值特性。学者刘洪一在20世纪90年代末就注意到了诺贝尔文学奖获奖者中犹太裔作家的惊人比例，他认为这种“犹太现象”的文化机理在于：犹太人散居世界所形成的多重文化身份及与西方居住地社会的文化认同；犹太民族历史境遇和文化困惑的“标本”意义及犹太作家对此进行的形而上的消解运用；犹太裔作家在文化思想、审美观念、文学技巧等方面突出的整合精神，及其特有的语言条件。[⑤]还有不同的学者试图从犹太文学作品中透析犹太民族的身份意识与文化内涵[⑥]，这些都为美国犹太人价值认同的研究提供了丰富且宝贵的研究素材。

（二）国外相关研究的主题与特点

美国犹太人价值认同的问题实际上伴随着美国犹太社团从萌生到发展壮大的整个历史进程，相关研究素材涉及了美国犹太人的移民史、文化史、宗教史、思想史、教育史等诸多方面。因此可以说犹太认同问题（Jewish identity），尤其是价值认同问题，构成了美国犹太研究的一个母题。也正因如此，如果试图切近美国犹太人价值认同问题，我们不能简单地以“价值认同”为关键词进行搜索，而是需要放眼美国犹太社团长时段的发展历程，关注不同阶段中价值认同的时代主题；需要注意美国犹太生活的方方面面，深入到价值认同的生成及建构场景；需要把握美国犹太文化的演进脉络，探究价值认同深层的文化基因，辨识价值认同的当代形态及未来趋

---

① 张咏梅.论犹太教育的特点及其对以色列复国的影响［J］.陕西师范大学学报（哲学社会科学版），2002（5）.

② 刘明生.美国犹太传统教育历史初探［D］.中央民族大学，2009.

③ 饶本忠.论犹太民族中的拉比及其历史作用［J］.西亚非洲，2010（8）.

④ 陈永国.身份认同与文学的政治［J］.清华大学学报（哲学社会科学版），2016，31（06）.

⑤ 刘洪一.诺贝尔文学奖中的“犹太现象”及其文化机理［J］.复旦学报（社会科学版），1993（1）.

⑥ 虞建华.美国犹太文学的“犹太性”及其代表价值［J］.外国语（上海外国语学院学报），1990（03）.

向。从国外相关研究的主体分布来看，大致可以分为以下几个方面。

美国犹太移民历程与价值认同。与美国犹太移民历程相关的学术资源大致可以分为四个类型。其一，编年史文献。这类文献主要包括社会调查、数据统计、资料汇编等。其中最具有代表性的是自1889年发行至今的《美国犹太年鉴》（American Jewish Yearbook）。由于早期的美国犹太社团人口规模较小，最初的《美国犹太年鉴》实际上是为犹太人提供一个实用信息的小册子，其中包含着犹太历法、犹太节日、人口数量及分布、重要事件及人物等信息，甚至还能够从早期的年鉴中看到一些商业性质的广告。随着美国犹太人口的不断增多、犹太社团实力的不断提升，《美国犹太年鉴》中的信息含量和思想含量都有了质的变化。2009年前后，《美国犹太年鉴》的出版主体从美国犹太人委员会变更至国际知名出版机构斯普林格（Springer），年鉴也从原来公开免费获取的形式变为付费购买的形式。以最近出版的2017年度的《美国犹太年鉴》为例，其主体内容分为两个部分，第一部分是犹太社团综述类的文章，通过七个章节分别介绍了犹太教在美国宗教版图中的位置，21世纪的犹太通婚问题，美国犹太社团内部的核心话题：伊朗核问题协议以及美国总统特朗普的当选，美国犹太社团外部的核心话题：美国－以色列关系问题，以及美国、加拿大和全世界犹太人口的调查统计。第二部分是犹太相关信息的汇总，包括犹太社团组织、犹太出版机构、犹太学术机构及资源、犹太社团本年度重大事件、犹太人的获奖信息和犹太名人的讣告等。[①]因此可以说《美国犹太年鉴》是研究美国犹太人必不可少的综合性、历史性的参考文献。其二，社会文化史文献。《父辈的世界》是美国著名的犹太裔历史学家、文艺与社会评论家欧文·豪的著作。这部著作出版后引起了美国评论界的广泛好评，并于1995年被译介成中文出版。作为东欧移民的后代，作者通过对纽约下东区犹太聚居区日常生活的精彩叙述，深度阐释了美国东欧移民社区文化的表象与深层结构，并生动描绘了东欧犹太移民的文化迁徙和精神蜕变历程，尤其是深刻呈现了东欧犹太移民在传统与现代之间、宗教与世俗之间、美国文化与犹太文化之间所迸发出的张力和生命力。[②]《美国犹太人，1585–1990年：一

① Dashefsky, Arnold, Sheskin, Ira M. (Eds.). American Jewish Year Book 2017[R]. Springer International Publishing, 2018.

② ［美］欧文·豪. 父辈的世界［M］. 王海良、赵立行译. 上海：三联出版，1995.

部历史》介绍了美国犹太社团从 16 世纪前后到 20 世纪末的发展历程。作者以时间为线索，对这近四个世纪的历史展开了全实景式的描述，具体而生动地呈现了在不同历史时期，美国犹太人在政治、文化、教育、慈善事业以及融入美国社会方面的现实遭际。① 其三，历史专题类文献。1992 年由亨利·法因戈尔德（Henry Feingold）等人共同编撰的大部头著作《美国犹太人（共 5 辑）》（The Jewish People in America. 5 vols.）在美国出版。这套丛书将美国犹太移民历程划分为五个历史阶段，每辑由不同的犹太历史学家负责撰写，是当前美国犹太研究领域为数不多的集权威性和丰富性于一体的作品。第一辑介绍了从 1654 年到 1820 年间美国的第一次犹太移民潮，第二辑介绍了从 1820 年到 1880 年间的第二次犹太移民潮，第三辑介绍了 1880 年到 1920 年间的第三次犹太移民潮，第四辑介绍了 1920 年到 1945 年间犹太人寻求进入美国主流社会的种种努力，第五辑介绍了第二次世界大战后美国犹太人如何从大屠杀的创伤中恢复原有的活力与凝聚力。② 由著名犹太历史学家海亚·戴娜（Hasia Diner）主持编辑的《美国犹太人：1654-2000》（The Jews of the United States，1654-2000）也是一部颇受欢迎的作品，书中介绍了美国犹太社团的特征及面临的挑战，并按照时间的线索汇集了不同学者专题性的学术作品，是美国犹太研究入门必读的图书之一。③ 其四，档案汇编类文献。《现代世界中的犹太人：一部文献史》（The Jew in the Modern World：A Documentary History）是当前犹太研究领域十分权威的史料汇编。其中收录了很多美国犹太社团自 17 世纪至今一些极为重要的历史文献，从这些珍贵的文献档案中可以看到美国犹太人是如何一步一步为自己争取平等的权利，如何同反犹主义展开斗争，如何全力投入到犹太社团方方面面的建设，最终赢得了今天的社会地位。④

美国犹太宗教文化与价值认同。乔纳森·D. 萨纳（Jonathan D. Sarna）

---

① ［美］雅各·瑞德·马库斯. 美国犹太人，1585-1990 年：一部历史［M］. 杨波等译. 上海：上海人民出版社，2004.

② Feingold, Henry, et al. The Jewish People in America. 5 vols[M]. Baltimore: Johns Hopkins University Press for the American Jewish Historical Society, 1992.

③ Diner, Hasia. The Jews of the United States, 1654-2000[M]. Berkeley: University of California Press, 2004.

④ Paul Mendes-Flohr, Jehuda Reinharz. The Jew in the Modern World: A Documentary History[C]. New York: Oxford University Press, Inc., 2011.

编写的《美国犹太教史》（American Judaism：A History）是学术界全面而系统地介绍美国犹太教历史的集大成之作，其学术权威性得到了美国犹太学者的广泛认同。作者敏锐地洞察了自殖民地时代开始的美国犹太教中出现的种种运动、倾向和变革，并对翔实而复杂的史料进行了恰到好处的总结和提炼。作者指出，犹太教在美国的发展是一种积极的文化适应和文化创造的过程，尽管美国犹太教出现了一定程度上的分化甚至分裂，但是犹太统一性的原则始终贯穿其中。无论是从研究方法、理论观点还是史料容量等角度来看，本书都属上乘之作。[①] 除了以学者乔纳森·D. 萨纳为代表的对美国犹太教各个教派进行全盘研究的作品之外，也有不少犹太学者针对美国犹太教的个别教派或者具体的宗教运动展开了细致而深入的研究，这也有助于我们了解不同教派的美国犹太人在价值认同层面的文化动因与主要特征。[②③④⑤] 其中，最具代表性的著作当属犹太教重建派领袖摩迪凯·开普兰（Mordecai M. Kaplan）的鸿篇巨制《犹太教：一种文明》（Judaism as a Civilization）。作者将犹太教进行了一种崭新的解读，认为犹太教不仅包括犹太宗教，而且包括犹太历史、文学、语言、社会组织、精神理想和审美价值等，这些共同构成了一种犹太文明。这种解读实际上为处于重重张力和矛盾之中的美国犹太价值认同提供了一种全新的解释体系和实用的解决方案。尽管重建派并不是美国犹太教的主流教派，但是开普兰被认为是20世纪最伟大的哲学家和犹太思想的阐释者，由他所开创的重建主义哲学体系成为几代犹太人的精神指引。[⑥]

美国犹太教育与价值认同。犹太教育是美国犹太人建构价值认同的重要路径，因此，围绕美国犹太教育与价值认同的研究颇为丰富。通过研究，

---

① Sarna, Jonathan D. American Judaism: A History[C]. New Haven: Yale University Press, 2004.

② Fader, Ayala. Mitzvah Girls: Bringing up the Next Generation of Hasidic Jews in Brooklyn[M]. Princeton: Princeton University Press, 2009.

③ Diamond, Etan. And I Will Dwell in their Midst: Orthodox Jews in Suburbia[M]. Chapel Hill: University of North Carolina Press, 2000.

④ Goldman, Karla. Beyond the Synagogue Gallery: Finding a Place for Women in American Judaism[M]. Cambridge: Harvard University Press, 2000.

⑤ Gurock, Jeffrey S. A Modern Heretic and a Traditional Jewish Community[M]. New York: Columbia University Press, 1997.

⑥ ［美］摩迪凯·开普兰. 犹太教：一种文明［M］. 黄福武、张立改译. 济南：山东大学出版社，2002.

学者们发现儿童时期的犹太教育（Jewish education and schooling）能够与成年后的犹太身份认同相关联。简单地说，时间长、强度高的犹太教育被视为强化犹太身份认同的主要方式。这种早期干预的犹太教育模型（Early Exposure to Jewish Education）蕴涵着一种对犹太身份和犹太性本质的看法。犹太身份认同的形成基于一系列规范的、传统的犹太价值观、信仰、态度和习俗，并且是一种形成于个体人生早期的一种原生的忠诚感，与个人的反应、选择和决策是相分离的。早期的犹太教育，能够让犹太儿童将犹太身份固化于心。专门研究美国犹太教育与价值认同的研究成果多以学术论文的形式呈现，但也有相当数量的学术著作中都将犹太教育作为单独的章节或者部分加以阐述，犹太教育在犹太研究中的地位可见一斑。著名学者哈赞等人分析了犹太教育所象征的文化与历史语境，书中系统介绍了犹太教育的发展历程以及以学校教育为主的教育类型。作者认为，犹太教育本身就是受美国犹太文化影响而形成的产物，通过社会、政治、思想道德观念、传统、习俗和信仰等方面来具体呈现出美国犹太社团的年轻一代应该如何思考、如何感受、如何行动。① 历史学家贝丝·魏格纳在著作中阐述了美国犹太人如何以犹太教育为载体，将犹太历史编织到美国历史当中。作者认为犹太历史教育是向犹太年青一代灌输犹太身份意识，并且让他们对美国的犹太生活前景保持乐观的重要手段。尽管不同类型的犹太学校在思想观点方面存在着分歧，但是犹太教育者们拥有一个共同的愿景：那就是为孩子们传达一种能够为特定观念服务的历史观。② 乔纳森·萨纳站在历史的视角，指出了美国犹太教育与美国犹太生活密不可分的关联性。他认为，"归根结底，犹太教育是一种工具，通过这个工具去训练一代又一代的犹太人在美国的舞台上以犹太人自己的方式取得成功。学校就是这种训练的正式场所。" ③ 还有学者围绕美国犹太教育的发展历史、教育理念、学校类型等具体话题展开深入地探讨，这些研究成果为美国犹太人价值认同的建构

---

① Barry Chazan, Robert Chazan, and B. M. Jacobs. Cultures and Contexts of Jewish Education[M]. Springer International Publishing, 2017: 83-84

② Beth S. Wenger, History Lessons: The Creation of American Jewish Heritage[M]. Princeton and Oxford: Princeton University Press, 2010.

③ Jonathan D. Sarna. American Jewish education in historical perspective[J]. Journal of Jewish Education, 1998, 64(1-2).

提供了宝贵的思路与启迪。①②③④

总之，国内外学界围绕犹太人问题，尤其是美国犹太人这一群体开展了富有成效的研究，取得了一系列重要突破，这些突破为本论题的后续研究提供了极为宝贵的参考和借鉴素材。在梳理上述文献的同时，也应看到这一研究领域还有诸多尚待解决的重要问题，还存在较大的深化和拓展空间：

第一，研究对象有待廓清。一直以来，世人对于“谜一样”的犹太民族抱有强烈的好奇心和崇敬感，甚至由此产生了对犹太民族的盲目崇拜以及一些阴谋论的论调。当今的犹太民族遍及世界各地，族群内部的教派纷争、地域差异等因素，使得我们难以再用“犹太人”这样一个笼统的概念去统罩整个犹太群体，因此对于其内部各个亚群体的研究显得十分必要，也只有深入到这些具体的亚群体，我们才能破除当前对于犹太民族的陈见与偏见，还原犹太人一个的真实面貌。目前尽管看到一些研究成果开始对犹太人进行分国别、分时期的研究，但整体而言仍存在研究对象笼统泛化、模糊不清的问题。因此，本书选取“美国犹太人”为研究对象，力争在解决“美国犹太人是谁”“美国犹太人是什么”等关键问题的基础上开展后续研究。

第二，研究主题有待深化。当前各学科对美国犹太人认同问题的研究从个体认同和群体认同两个层面出发，主题涵盖了身份认同、国家认同、民族认同、双重认同等方面，但是鲜有成果深入到价值认同这一层面。然而在认同研究当中，价值认同恰恰是最核心、最深层的要素，也只有价值层面的认同才最稳定、最持久。在思想政治教育学科当中，有关犹太人的研究主要集中在马克思主义对“犹太人问题”的基本观点，暂无对犹太人

---

① Schick, Marvin. A Census of Jewish Day Schools in the United States[R]. New York: Avi Chai Foundation,2000.

② Israel S. Chipkin. Jewish Education in the United States at the Mid-Century[J]. Religious Education, 1953, 48(5): 327-350.

③ Steven M. Cohen. The Impact of Varieties of Jewish Education Upon Jewish Identity: An Inter-Generational Perspective[J]. Contemporary Jewry, 1995: 16.

④ Mordecai M. Kaplan, Bernard Cronson. Report of Committee on Jewish Education of The Kehillah (Jewish Community) Presented at its First Annual Convention, New York, February 27, 1910. Journal of Jewish Education, 1949, 20(3).

群体现实性和系统性的分析，没有完全挖掘出犹太人研究对于学科的价值。因此，本书一方面将以马克思主义价值理论为基础，通过“价值认同”的棱镜透视美国犹太人价值认同的各个要素与基本特性；另一方面将以思想政治教育学科为根本立足点，试图通过对美国犹太人群体价值认同的研究，为民族复兴、文化传承与价值观建设等时代使命提供有益的启示和借鉴。

第三，研究方法有待创新。综观各类研究成果所使用的研究方法，普遍采用文献研究、逻辑演绎和历史分析等方法。尤其是国内的相关文献，较少采用跨学科的研究方法与视角，几乎没有在研究中采用量化研究和质性访谈等方法，研究方法的单一和陈旧，直接导致了研究结论同质化严重、创新性不足。本书将在常规研究方法的基础上，综合借鉴心理学、社会学、政治学等多学科的研究视野和研究方法，挖掘价值认同研究的多学科理论资源和分析机制。同时，通过实地考察和参与的方式，深入到美国犹太人群体当中开展质性访谈，并综合美国各个研究机构和智库的调查统计数据，通过质性与量化相结合的方式，切近美国犹太人价值认同的问题的真实境况。

三、研究内容与研究方法

本书以“美国犹太人价值认同”为核心问题，探究美国犹太人价值认同的内在张力，重点把握美国犹太人如何在美国的多元文化土壤中实现犹太文化的传承与发展，同时为美国精神提供独特的犹太价值理念。最后在对美国犹太人价值认同理性审视的基础上，分析美国犹太人价值认同研究的学科意义。

（一）研究内容

本书共分为六章，各部分的主要研究内容如下：

第一章主要交代美国犹太人价值认同的分析基础。一是挖掘“价值认同”的本质意涵及其生成机制，并以之为后续章节详细阐释美国犹太人价值认同问题的核心概念基础。二是通过美国犹太人身份界定和人口统计的困境来揭示美国犹太人所面临的价值认同难题，凸显美国犹太人在价值认同问题上独特的样本意义。三是挖掘马克思主义价值理论的相关学术资源，并以之为本书展开研究的理论支点。

第二章主要介绍美国犹太人价值认同的历史流变。在美国历史上四次大规模的犹太移民潮当中，美国犹太人实现了以美国公民身份为前提的价值意识觉醒，经历了社团内部价值分化的发展历程，也在生存和发展的压力下为价值整合做出了种种努力，最终在纳粹屠犹的强力刺激下高涨了复国主义的价值追求，并拥抱了犹太文化中心从欧洲大陆向美国的转移。

第三章主要分析美国犹太人价值认同的现实张力。一是传统与现代纠葛中的历史张力，具体表现为美国犹太人对传统的扬弃，以及犹太文化从传统走向现代过程中所呈现的非均衡性。二是宗教与世俗矛盾中的信仰张力，具体表现为美国犹太教教派分立的现实和重建的梦想，以及整体上的世俗化趋势。三是犹太人与美国人同构中的身份张力，具体表现为美国犹太人获得公民身份同时付出的文化同化代价，以及维持犹太族裔身份所遭受的双重忠诚的诟病。

第四章主要分析美国犹太人价值认同内容的构成逻辑。一是概括总结了美国犹太人价值认同的核心理念，包括契约意识、律法观念、弥赛亚观念、崇智重教观念以及伦理精神。二是挖掘这些价值理念背后所对应的深层的文化禀赋，主要包括其一神与多元共生的信仰世界、悖逆与兼容并存的哲学理念以及吸纳与整合同步的文化立场。三是分析这些价值理念得以传承至今的社会实践根基，并将其中最为典型的犹太教育路径单列为一章，展开详细分析。

第五章主要分析美国犹太人价值认同的教育路径。一是概括美国犹太人价值认同教育的历史演进及其主题嬗变，大致经历了以适应为主题的奠基时期、以多元为主题的发展时期、以生存为主题的调整时期和以复兴为主题的完善时期。二是分析美国犹太人价值认同教育的基本构成，具体包括以适应现代性变革为指向的教育理念、以同构型身份认同为核心的教育目标、“家庭—学校—社会”协同的教育场域以及兼顾族裔特色与主流话语的教育模式。三是深入到美国犹太人价值认同教育具体的实践环节，介绍美国犹太人价值认同教育的学校类型及其开展形式。

第六章主要分析美国犹太人价值认同研究的启示。一是分析在“复杂现代性”背景下如何处理价值认同的内在张力。二是分析如何在文化的交往互动中寻找到价值的“公约数”，进一步优化价值认同的目标。三是回应社会主义核心价值观建设的现实需要，探寻价值认同的有效路径。

（二）研究方法

本书以马克思主义理论为根本遵循，以思想政治教育学科的基本理论为指导，结合哲学、政治学、社会学、教育学、心理学等多学科视界融合的研究方法。第一，文献研究法。广泛搜集美国犹太人研究的文献资料，查阅历年《美国犹太人年鉴》（1889年至今），获取美国犹太人委员会（the American Jewish Committee）、北美犹太数据银行（North American Jewish Data Bank）、皮尤研究中心（Pew Research Center）等网络数据资源，梳理总结国内外美国犹太人研究的主要机构、代表学者、关键著作以及学术流派，为本书奠定扎实的文献基础。第二，调查研究法。借助美国访学的机会，实地考察美国东北部、南部、中西部等地典型的犹太社区、犹太会堂、犹太社团组织等，走访犹太家庭，访问各类美国犹太人，开展调查研究和质性分析。第三，比较研究法。本书站在“中国立场”和“学科立场”来探讨一个人类社会所共有的、具有普遍意义的价值认同问题，通过思考美国犹太人价值认同问题与我国价值观建设的差异与联系，从不同方面为我国的价值认同建构提供有益启示，拓展思想政治教育学科的学术研究空间。第四，多学科交叉研究法。本书以马克思主义理论为基础，并对哲学、政治学、社会学、民族学、宗教学、心理学、教育学等相关学科的理论与方法，进行综合考察与适当借鉴，丰富并融通价值认同研究的学术资源。

四、研究价值与创新之处

本书的研究价值主要体现两个方面，一是深入挖掘“美国犹太人”这一群体的文化样本意义，探索其如何在文化交往的历史过程中传播、传承和发展犹太文化；二是以“价值认同”透视犹太族群的身份特质与价值特性，一方面深入了解犹太文化的精神品性，一方面为我国当前的价值认同研究提供方法论层面的启示。本书的创新之处主要体现在两个方面，一是正确理解美国犹太人价值认同的本质内涵，二是合理构建美国犹太人价值认同问题的分析框架。

（一）研究价值

从研究主题的选取来看，研究美国犹太人的价值认同问题可以通过价值认同的视角透视美国犹太人如何在多元的文化身份之下进行主体精神建构。他们不但解决了千百年来外部反犹主义压迫下的生存危机，还通过价值理念的认同与共享化解了精神危机，实现了犹太本民族文化与美国文化之间的交流互动。美国犹太人一方面使得犹太文化价值传统得以在美国的多元文化中传承与发展，另一方面又为美国文化贡献出了犹太民族独特的价值思维，甚至在更深远的意义上影响了整个人类的文化交流进程。因此，挖掘这背后蕴涵着的价值认同机理具有重要意义。

从研究目标的定位来看，本书最核心的目的是通过对美国犹太人价值认同的研究和剖析，为中华文明的文化与价值的传承和发展提供启示和借鉴。价值认同就个体而言是一种普遍的、稳固的精神气质与价值特性，就群体而言是一种复杂的、综合的文化禀赋与价值结构。中华民族的崛起，说到底也是民族精神文化和价值观的崛起。因此，研究美国犹太人的价值认同，不论是对其无形的精神内涵的把握，还是对其有形的实践模式的挖掘梳理，都能为我们提供有益的启示。

（二）创新之处

其一，挖掘价值认同研究所具有的学科价值。美国犹太人价值认同的研究，对于促进我国现代化进程中的文化自信与价值自觉，中国特色社会主义核心价值观的培育和践行，推动优秀民族传统文化的创造性转化与创新性发展，完成思想政治教育学科正确认识中国特色与国际比较的使命，都具有重要价值。

其二，构建美国犹太人价值认同的分析框架。美国犹太人价值认同所面临的多重内在张力既受制于特定的社会历史条件，又内源于犹太文化独特的精神品性，因此价值认同研究要把历史与现实、观念与实践、个体与群体、进步性与局限性等诸多范畴、要素都容纳于其中。

其三，理解美国犹太人价值认同的本质内涵。对于美国犹太人而言，价值认同并非是被动性的接受过程或机械性的选择过程，而是一种内源性的生成过程和实践性的发展过程。由此，我们在探究美国犹太人价值认同时，不能将其视为一个简单的选择题，而要把它看作是一道复杂的方程式。换言之，我们在研究过程中不能把诸多价值观念和价值范畴当作选项，去经验化、武断式地加以选择和判断，而是要在众多相关因素中谨慎地甄别出可能对价值认同产生影响的自变量，并立足于美国犹太人的文化品性和现实境遇去分析每个自变量在特定历史条件下的变动趋势，从而还原美国犹太人价值认同的内在张力。

第一章

美国犹太人价值认同的分析基础

在迄今为止四千多年的犹太文化史上，“流浪”的犹太民族在世界各地留下了深刻隽永的文化印记，也为世界文明的发展贡献出了远超其人口比例的卓越成就。在漫长的“大流散”（Diaspora）历史上，犹太人尽管饱经劫难、流离失所，但却实现了族群和文明的传续，并且在与异质文化不断交流和交融的过程中持守并发展了自身。那么，在世界全球化、现代化、世俗化发展趋势的影响下，遍布于世界各地的犹太人何以是犹太人？犹太文化又何以是犹太文化？这些问题的答案都蕴藏于这一族群最深层次的价值认同当中。在第二次世界大战之后，美国成为了新的犹太文化中心。美国犹太人在这片新大陆上赢得了平等的地位，实现了阶层的跃升，甚至在一定程度上引领着全球犹太文化的发展走向。因此，我们将视野聚焦于美国犹太人这一独特的群体样本，通过美国犹太人的价值认同来体认犹太价值与文化的时代演进与精神实质。本章内容主要为三个方面。首先，奠定研究的概念基础，分析本书核心概念“价值认同”的本质意涵及与之相对应的生成机制；其次，奠定研究的对象基础，剖析美国犹太人在价值认同这个问题上所具有的典型样本意义；最后奠定研究的理论范式基础，重点介绍在马克思主义价值理论指导下，本书所采取的研究策略以及相应的章节布局。通过对上述基本问题的把握，为本书整体论述所涉及的关键问题奠定分析基础。

一、价值认同的本质意涵与生成机制

价值认同问题之所以蕴涵着鲜活的理论特质与饱满的生命张力，在于这一概念本质上的多面性与多层次性，它勾连起自我与他者、个体与共同体、思维与实践、生成与发展等多个范畴，又涉及地域、文化、心理、社会环境等多个要素。随着“价值认同”一词越来越多地被用于学术研究和日常生活之中，其概念本身的复杂性也就越发凸显。尽管人们能够在不同语境中恰当而准确地使用这一概念，但是想要给出一个能够容纳其多种内涵的精当的概念界定却是相当困难的。本节试图以马克思主义价值理论为根本遵循，对价值认同的本质意涵与生成机制加以简要分析，为后文的分析奠定概念基础。

（一）价值认同的本质意涵

现代汉语学术语境中的“认同”一词原是个“舶来品”，译自于英文单词“identity”，其原意有三[①]：一是表征事物的本质属性，即一事物区别于其他事物的特性；二是指涉事物的同一性，即不同事物之间共有共享的相通性，或同一事物在不同时空场域和发展阶段所秉承的一致性；三是指代身份或归属，即在自我与他者的关系结构和相互比照中，确证“我是谁”的身份和“我们是谁”的归属。值得注意的是，这一词汇进入汉语世界之后却发生了有趣的“变形”。查阅《现代汉语词典》可以发现，汉语“认同”一词有两层含义[②]：一是指认定他者与自我有共同之处而产生的亲切感；二是指承认、赞成、认可、同意等。可见，英语“identity”是个名词，主要指认事物“是其所是”的特性以及基于这种特性的事物间相互关系及其静态化的归属状态。而汉语语境中的“认同”则是个动词，主要指认事物基于自身特性对他者以及自我与他者关系所进行的评价和认定，表达的是一种动态化的感知过程。两相对比，“认同”比“identity”的含义要宽泛得多，既蕴含了对事物自身特性、他者特性的认定，也蕴含了对自我与他者关系的评价以及由此所产生的身份归属。在这个意义上，“认同”更多表征的是英文“identity”的动词意义，更类似于英文的“identify”或“identification”。经由上述词源学分析不难发现，“认同”总是指认一定的互动对象，发生于“自我－他者”的关系结构之中，“兼有对内‘求同’与

---

① Hornby, A. & Wehmeier, S. Oxford Advanced Learner’s Dictionary. Oxford: Oxford University Press, 2005: 769.

② 中国社会科学院语言研究所词典编辑室.现代汉语词典（第5版）.北京：商务印书馆，2007：1150.

对外‘识别’之义”[①]。从内部来看，在于通过寻求与自我相同的同类来确认“我是谁”；从外部来看，在于通过指认与自我同类相异的对象来确认“我们是谁”。正是在内外有别、相互确认的过程中，人们才经由认同建立起自我的身份归属和价值地位。同时，这一过程又总是伴随着“评价”，总是受到一定利益诉求、情感体验、信仰系统等因素的影响，以致人们习惯于认同那些与自身利益、经验、情感、信仰相近相似的对象。所以，认同究其根本而言是价值认同，是人们借以建立价值信仰、持守价值规范、进行价值实践的生命活动。

作为生命活动的价值认同根源于个人与社会的价值关系，规制人的生命样态、群体归宿和社会取向，影响社会的理性建构、运行成效和发展方向。这是由人的本质和社会历史发展规律共同决定的。马克思说：“人的本质不是单个人所固有的抽象物，在其现实性上，它是一切社会关系的总和”[②]；同时又说“全部人类历史的第一个前提无疑是有生命的个人的存在。”[③]这两个论断对于正确理解价值认同的指导意义在于：不能脱离个人身处其中的社会关系空谈价值认同，那样就会使之成为抽象的、纯粹个人化的“事务”，而无法彰显其更为广阔的社会意义和更为纵深的历史视野；也不能脱离社会历史赖以存在的“有生命的个人”，按照某种先验的、完全外塑性的逻辑强行推进价值认同，那样会使价值认同变异为钳制个人的力量，而无法涵养起社会发展所必需的充盈、整全、鲜活的个人生命；而应该在个人与社会良性互动中把握价值认同的本质构成。从这个角度来看，我们可以将价值认同合理地理解为个人以社会价值观念为参照所进行的精神创造活动。它包括个人认同、群体认同、社会认同三方面内容[④]。个人价值认同的核心在于以社会价值观念引领个人价值实践，形成符合社会价值规范和要求的自我价值观。群体价值认同的核心在于个人以社会价值观念为依托和纽带，构筑形成其所归属的群体价值意识，形成特定的社会角色身份和自觉的社会责任担当。社会价值认同则是个人和群体通过对社会价值观念的内化与外化，高度认同社会发展的价值预设，积极投身社会发展

---

① 张海洋．中国的多元文化与中国人的认同［M］．北京：民族出版社，2006：251.

② 马克思恩格斯选集（第1卷）［M］．北京：人民出版社，2012：135.

③ 同上书：146.

④ 任志锋．大学生社会主义核心价值观认同的日常生活维度［J］．教学与研究，2016（12）.

的历史实践，并致力于推进社会运行机制的优化和完善。个人认同是群体认同、社会认同的基础，群体认同是个人认同的延伸和社会认同的纽带，社会认同则是个人和群体认同的最终归宿，三者相互联系、相辅相成，共同构成价值认同的内容形态。

奠基于个人、群体与社会有机联系之上的价值认同，在实践中呈现为经验、情感、理性三个错落有致的层次。黑格尔说过："每个人无须学习逻辑都能思考，正如无须研究生理学，都能消化一样。"① 同样，人们在日常生活是否认同某种价值，往往也不会依靠严密的逻辑推演和完备的制度约束，而是凭借由来已久的风俗习惯或感同身受的生命体验，凭借经验化的生活常识和实践，由此便形成了价值认同的经验层次。这种基于经验事实所形成的价值认同富有直观性、感性化特点，并因其直接与日常生活相关联，可以更为便捷有力地作用于人们的价值选择和实践。所谓"人伦日用而不觉"指的就是这种经验化的价值认同。经由日复一日的生活实践和经验积累，人们在价值认同上会逐步形成相对稳定的情感倾向和评判模式。这种倾向和模式一经形成，就会对包括社会价值观念在内的其他各种价值观念，进行类似自动化的筛选和评价，从而构成价值认同的情感层次。对于那些契合自身现实需要和发展预期的价值观念，人们易于产生较为强烈的情感共鸣，将之纳入自我价值体系之中。反之，就会涌起自觉或不自觉的情感拒斥，将之排除于自我价值体系之外。然而，人之为人的根本在于不会完全听任情感的驱使，而是通过接受各类社会教育，形成一定社会发展所需要的知识体系，并以此为基础对价值关系进行认知、比较和选择，于是便形成了价值认同的理性层次。相较于经验和情感，理性层次的价值认同更富自觉性和持久性，是人们价值实践最为稳定和深层的主体条件。

总的来看，价值认同在本质上是个人认同、群体认同、社会认同的辩证统一，遵循"经验——情感——理性"的生活逻辑和发展理路，是人们基于对个人生命和社会发展及其相互关系的体认和理解，建构而成的有关"我是谁""我们是谁"的身份角色归属，以及由此产生的价值意识、价值追求和价值实践。

---

① ［德］黑格尔．小逻辑［M］．贺麟译．北京：商务印书馆，1980：67.

（二）价值认同的生成机制

价值认同生成与其本质属性密不可分。作为一种动态感知过程，价值认同生成遵循事物发展的内在否定性机制；作为一种根源于个人与社会间价值关系的生命活动，价值认同生成既奠基于一定的社会历史条件，遵循社会实践性的驱动机制，又因应于个人生命经验、情感倾向与理性认知，遵循主体能动性的建构机制。

内在否定性是事物通过自身内在矛盾运动，实现自我否定、自我完善和自我发展的特性。这是辩证法区别于形而上学的根本特点，也是马克思主义深刻揭示人类社会发展规律和资本主义基本矛盾及其必然灭亡的科学方法论，更是我们透视把握价值认同生成机制的首要出发点。从内在否定性的角度来看，诞生于个人与社会关系结构中的价值认同，其所面临的基本矛盾便在于“我们想要什么”的社会价值导向与“我想要什么”的个人价值取向之间的矛盾[①]。培育和践行社会主义核心价值观，增进和实现全体社会成员价值认同，说到底就是要解决社会价值理想、价值规范与个人价值目标、价值取向之间的矛盾，就是要从社会存续运行的高度，以社会的名义，引导社会成员弥合个人价值取向与社会价值导向的间距和冲突，推动社会价值导向向个人价值取向的转化，实现个人对社会价值的认同和践履。在这一基本矛盾中，社会价值导向是矛盾的主要方面，个人价值取向是矛盾次要方面。个人千差万别、千变万化的价值选择背后，总是蕴含着政治制度、法律规范、道德伦理等社会内容，总是充满着社会利益和个人利益、整体利益和局部利益、长远利益和当前诉求之间的矛盾冲突，总是以科学、艺术、哲学乃至宗教等社会意识形式展现出来。也正是在个人对社会内容的深切体认，对社会矛盾的全面把握，对社会意识形式的合理运用中，价值认同才得以实现不断调适和发展。

既然个人与社会的价值关系是价值认同赖以产生的基础，既然社会价值导向与个人价值取向构成价值认同的基本矛盾，而社会性因素又是这一矛盾的主要方面，那么社会实践的基础条件和历史形态便必然成为价值认同发生发展的根本性驱动力量。从基础条件来看，马克思说：“人们自己创造自己的历史，但是他们并不是随心所欲地创造，并不是在他们自己选定

① 孙正聿.理想信念的理论支撑［M］.长春：吉林出版集团、吉林人民出版社，2014：8-9.

的条件下创造，而是在直接碰到的、既定的、从过去承继下来的条件下创造。”[①] 这一论断启示我们：人的社会实践以及由此所产生的价值认同，与先辈们创造的历史传统和价值谱系具有生物学遗传性的血脉联系，任何时候都不能割裂历史、摒弃传统，而应通过挖掘优秀历史文化传统，寻求社会价值共识的最大公约数，建构起表征本民族鲜明精神标识的价值认同体系，通过对历史传统的创造性转化、创新性发展，实现价值认同的更迭发展。也正是在此意义上，习近平总书记再三强调必须以中华优秀传统文化涵养社会主义核心价值观，增强做中国人的骨气和底气。从历史形态来看，人的社会实践在长时段的历史沿革中呈现出三种形态，即建立于自然经济基础上的依附形态，以对物的依赖为基础的相对独立形态，人的自由发展形态。人的价值认同便建立于这三种社会实践形态之上。不同社会实践形态中的价值认同具有不同特征，但整体上呈现出从自发到自觉、从被动到主动、从压迫到解放的逐步发展、螺旋提升的态势。历史条件的基础作用和历史形态的演进态势，共同构成了价值认同的社会实践性驱动机制。

除却社会实践的基础性规定作用，价值认同还是人们自主建构性的实践活动。这种自主性是人作为价值主体和认同主体的地位确证，更是人之为人的权利、责任、能力的表征，具体体现为三个方面：一是认同标准的自主选择。尽管社会历史条件对价值认同具有前置性根本性的规定作用，但是在具体的价值认同过程中，人们总是会按照自己认可的标准和尺度对价值关系进行相应的评判和选择。二是认同定位的自主调适。价值认同因人们对自我身份的定位而展开。而身份定位向来都不是一成不变的，总是随着个体自然生命成熟、心理品质发展、社会人格完善进行不断调适，并通过与交往对象和社会大环境的互动，呈现出动态化的身份归属。三是认同取向的自主建构。“凡是有某种关系存在的地方，这种关系都是为我而存在的。”[②] 人们是否认同某种生活方式、政治制度、法律规范、文化传统及其所蕴含的价值观念，很大程度上取决于这种观念及其实践形态，是否契合人们的现实需要与生活理想，是否切近人们的情感倾向和心理结构，是否有助于人们成长发展与良好社会关系的确立。简言之，真正意义上的价

---

① 马克思恩格斯选集（第 1 卷）［M］. 北京：人民出版社，2012：669.

② 同上书：161.

值认同绝非是机械化、强制性的“给定－接受”，而是自主性、创造性的“生成－建构”，也只有充分尊重人的主体地位、激活人的主体意识、发挥人的主体能动性，社会价值导向才能真正转化为个人价值取向，才能实现高水平、持久性的价值认同。

二、美国犹太人价值认同的样本意义

美国犹太社团的发展始于1654年，至今已有360余年的历史。美国犹太社团的崛起被视为当代犹太史上最核心的事件之一。纳粹大屠杀的暴行以最残酷的方式削弱了欧洲犹太社团的力量，美国随之成为了世界范围内的犹太中心。也正是犹太复国主义运动在美国风起云涌的发展之势，助力了以色列国的建立，让散居千年的犹太人得以重建“家园”。如今，美国犹太社团的人口占据全世界犹太人口的近40%，成为仅次于以色列的世界第二大犹太社团。美国已经成为犹太人的“希望之乡”“黄金之邦”“自由的圣殿”和“机会的福地”[①]。美国犹太人在美国总人口中尽管只占约2%的比重，但是从犹太人在政治、经济、文化等方面的影响力来看，却是不容小觑的“关键少数”。以上这些，共同构成了我们将视线聚焦于美国犹太人价值认同问题的现实背景。

（一）美国犹太人的现实状况

1964年，一本杂志以“消失的犹太人”作为其封面故事，引起了广泛的讨论。该杂志预测：等到2000年，美国犹太人将会彻底消失。短短7年之后，这本杂志消失了。然而，美国犹太人非但没有消失，反而在一片质疑声中逐渐发展壮大。近年来美国社会的各项数据统计结果预测当前美国犹太人口总数大约为685万人。2013年，皮尤研究中心（Pew Research Center）对美国犹太人进行了大规模的数据调查。皮尤的调研报告，使有关犹太身份认定、价值认同、社团变迁与未来发展的讨论变得更加激烈。下面，本部分将通过自然、地域和社会特征这三个方面来介绍美国犹太人的人口结构及其基本状况。

1. 美国犹太人的自然结构

在性别分布上，布兰代斯大学的美国犹太人口项目的数据显示，美国

---

① 张倩红，艾仁贵．犹太史研究入门［M］．北京：北京大学出版社，2017：227.

犹太人男女比例较为均衡，女性（53%）稍多于男性（47%）。在年龄分布上，美国犹太人相较于美国社会整体而言更显老龄化趋势，65 岁及以上的犹太人占美国犹太人总数的 24%，而美国整体上只有 18% 的人口达到或超过 65 岁（见表 1–1）。

表 1–1　美国犹太人口年龄分布 ①

年龄	犹太人（%）	美国整体（%）
18–29	20	22
30–49	28	34
50–64	27	26
65–74	13	11
75+	11	7
	100	100

在种族分布上，94% 左右的犹太人为非西语裔的白人，其他种族的比例远远低于美国整体的种族分布比例。（见表 1–2）

表 1–2　美国犹太人种族分布 ②

	犹太人（%）	美国整体（%）
白人，非西语裔	94	66
黑人，非西语裔	2	12
西语裔	3	15
其他 / 混血	2	8
	100	100

2. 美国犹太人的社会结构

在教育水平方面，美国犹太人获得大学文凭的比例达到了 58%，远远超出美国整体水平（29%）。其中，有 28% 的犹太人获得了硕士学位，

① 整理自 Dashefsky, Arnold, Sheskin, Ira M.（Eds.）. American Jewish Year Book 2017［R］. Springer International Publishing, 2018.

② 整理自 Dashefsky, Arnold, Sheskin, Ira M. (Eds.). American Jewish Year Book 2017[R]. Springer International Publishing, 2018.

30% 的犹太人获得了文理学士的学位。仅有 17% 的美国犹太人是高中及以下的教育水平。在家庭收入方面，年收入 10 万美元以上的犹太家庭占比 42%，而年收入达到 15 万美元以上的犹太家庭高达 25%，均高于美国社会的整体水平。尽管美国犹太人当中也有收入水平较低的家庭（20%），但低收入群体数量明显少于美国社会的平均水平（36%）。（见表 1–3）

表 1–3　美国犹太人教育水平及家庭收入水平①

	犹太人（%）	美国整体（%）
教育水平		
大学学历	58	29
硕士	28	10
文理学士	30	19
其他大专	25	29
高中或以下	17	42
	100	100
家庭收入		
$150,000+	25	8
$100,000–$149,999	17	10
$75,000–$99,999	14	11
$50,000–$74,999	12	16
$30,000–$49,999	11	20
小于 $30,000	20	36
	100	100

在就业及房屋占有方面，美国犹太人稍微优于美国整体情况。有 65% 的美国犹太人处于就职的状态，高于美国整体情况（56%）。在失业的犹太人中，处于非求职状态的犹太人有 28%，略低于美国整体情况（33%）。有 59% 的美国犹太人拥有房产，略高于美国整体水平（57%）。（见表 1–4）

① 整理自 Dashefsky, Arnold, Sheskin, Ira M. (Eds.) American Jewish Year Book 2017[R]. Springer International Publishing, 2018.

表 1-4 美国犹太人就业及房屋占有情况[①]

	犹太人（%）	美国整体（%）
在岗	65	56
失业	34	43
求职状态	7	11
非求职状态	28	33
未知	1	1
	100	100
有房产	59	57
无房产	41	42
未知	*	*
	100	100

总体而言，美国犹太人以白人为主，他们人口总数不多，仅占美国总人口的 2% 左右。然而，这些犹太人密集地活动于美国的发达地区及其所在地区的大城市，他们无论是在教育、就业、收入和资产等方面都优越于美国社会的平均水平。因此，2017 年的《犹太统计年鉴》中预测，美国犹太社团不仅不会"消失"，等到 2050 年，美国犹太社团还会在以下几个方面具备更加突出的优势：第一，美国犹太人口规模（population size）将会越来越壮大；第二，犹太社团的组织结构（infrastructure）优势将会越来越凸显，当前密集的犹太联合会、犹太社区中心和全国性犹太组织表明了犹太社团内部高度的组织化水平；第三，互联网（internet）的发展以及人们对网络沟通日趋依赖，将会促进犹太生活方式的传播，也会使犹太社团内部的沟通日益密切；第四，犹太社团内部所谓的"疏离化"（distancing）实际上是"差异化"（differencing）的表现，犹太身份认同问题将不断进化、不断被重新定义，越来越趋向于一种世俗化的表达方式；第五，犹太人的自豪感（jewish pride）会越来越强，2013 年皮尤研究中心的调查中问到了人们的犹太自豪感，有 94% 的受访者给出了肯定的回答，即使在那些

① 整理自 Dashefsky, Arnold, Sheskin, Ira M. (Eds.). American Jewish Year Book 2017[R]. Springer International Publishing, 2018.

已经不信仰犹太教的人中，也有86%的人为自己的犹太身份而自豪；第六，外界对犹太人的“好感度”（Jewish thermometer）也会越来越高，2014 年皮尤研究中心调查了美国人对不同宗教群体的好感度，犹太人获得的好感度最高①。

3. 美国犹太人的地域结构

美国的各个州都有犹太人的踪迹，但相对集中于经济较发达的地区。尽管也有不少犹太人生活在乡村，但是据统计有 97% 的犹太人生活在大城市。犹太人口最集中的州包括：纽约州（占美国犹太总人口 26%）、加利福尼亚州（占美国犹太总人口 18%）、佛罗里达州（占美国犹太总人口 9%）和新泽西州（占美国犹太总人口 8%）。这些州的犹太人口的总和占据美国犹太总人口的 60%。

在各个区域中，东北部的犹太人口最为密集，占美国犹太总人口的 44.6%，这一地区犹太人口的密度（44.6%）远远超过该地区的人口密度（17.4%）。中西部的犹太人口较少，仅占 10.5%（见表 1–5）。

表 1–5　美国犹太人的地区分布（2017 年度）②

	犹太人口		地区人口	
	数量	比例（%）	数量	比例（%）
东北部	3,054,495	44.6	56,209,510	17.4
中西部	721,930	10.5	67,941,429	21
南部	1,409,645	20.6	122,319,574	37.9
西部	1,664,795	24.3	76,657,000	23.7
总计	6,850,865	100	323,127,513	100

总的来看，美国犹太社团逐渐摆脱了无家可归、颠沛流离的命运，实现了经济社会地位的跃升，在美国社会的各个领域扮演起重要的角色。在美国，一个族群的人数多寡往往是影响其地位的决定性因素。因此，塞缪尔·亨廷顿在他的著作中直言不讳地表达出对拉美裔移民的大量涌入会冲

① Dashefsky, Arnold, Sheskin, Ira M. (Eds.). American Jewish Year Book 2017[R]. Springer International Publishing, 2018.

② 整理自 Dashefsky, Arnold, Sheskin, Ira M. (Eds.). American Jewish Year Book 2017[R]. Springer International Publishing, 2018.

击美国国家特性的担忧。他指出："从长远看，人数即是权力，在多文化社会，在民主政治和消费者经济中，更是人多势众。"[①] 然而，美国犹太人却是一个例外，正如前面数据统计的结果所显示的那样，他们在美国经济社会当中发挥着远远超出其人口比例的现实影响力。

（二）美国犹太人的价值难题

犹太人素有"流浪的民族"之称，不断迁徙和流散的历程成为犹太族群鲜明的文化印记。在这个过程中，犹太文化一方面保持着其原有的民族特色和根本属性，另一方面也在不断的文化交往和互动中发展着自身。因此，犹太人除了空间坐标的位移之外，也长期处于思想文化坐标的位移之中，这使得犹太人身份和价值特性的界定变得格外困难。这种困难不仅存在于一般理论中，更存在于犹太人的生活实践上。在某些特定的历史时期和文化环境下，犹太人的身份界定问题会表现得尤为突出。

1. 犹太人身份界定的多重依据

西方现代语文中的"犹太人"来自希腊文"Ioudaios"，指的是居住在犹地亚的人。后来随着散居海外的犹地亚人日益增多，这个最初的民族－地理术语逐渐获得了民族－宗教内涵，从而加剧了犹太人身份表达的暧昧性。[②]

历史上，人们对犹太人身份界定的问题做出了种种努力，但都存在着相应的难题。以体质人类学来界定的困境。犹太人散居于世界各地，通过族际通婚和代际更迭，犹太人也已出现了体质上的巨大改变，不仅非洲和中东的犹太人与欧洲犹太人明显不同，就连欧洲犹太人也在头颅、肤色、体型、发色等体貌特征方面表现出明显的不同。当这些人聚集在一起的时候，我们很难将其识别、归类为同一民族。从民族语言来界定的困境。用语言界定犹太人也存在着极大的困难。犹太人的祖先创造的希伯来语在"巴比伦之囚"前后就已经开始呈现消失的趋势（希伯来语在现代以色列是被有意地加以"复活"的），进入流散时期后，欧洲犹太人结合德语、斯拉夫语和希伯来语创造出了意第绪语（Yiddish）。虽然希伯来语和意第绪语是两种典型的犹太人语言，但散居各地的犹太人，许多已经改用了居住地当地的语言，例如德语、法语、英语、俄语等等。对于美国犹太人而言，

① ［美］塞缪尔·亨廷顿著，程克雄译. 我们是谁？美国国家特性面临的挑战［M］. 北京：新华出版社，2005：210.

② 参见宋立宏. 谁是"犹太人"——关于"Ioudaios"的札记［J］. 历史研究，2007（2）.

随着他们逐渐融入美国社会，英语也成为他们日常交流中主要使用的语言。以宗教意识来界定的困境。犹太教是犹太民族重要的文化内核和精神纽带，但是以宗教意识去界定“犹太人”也是困难的。首先是因为犹太教自古以来就分为多种教派，如在希腊时期有撒督该派、法利赛派、艾赛尼派、奋锐党人等，在现代则有正统派、保守派、改革派等；其次是因为从古至今都有犹太人改信其他宗教或是崇拜无神论思想。因此，在当代世界，特别是在美国，用犹太宗教意识去界定犹太人，其结果是难以想象的。美国有这样一种说法：“Two Jews，three opinions.”，意思是“两个犹太人，有三种意见。”这种说法形象生动地反映了犹太人思想观念的矛盾性和复杂性，因此试图以某一种宗教思想观念去统纳所有犹太人几乎不可实现。[①] 以血缘关系来界定的困境。传统犹太律法中对犹太人身份的界定遵循着母系原则，即一个人的母亲是犹太人，则这个人即可被认定为犹太人。是否崇信犹太教并不是成为犹太人的必要条件。但是犹太教在美国发生了改革与教派分立之后，有些教派打破了这样的原则。他们认为，不论此人的母亲是否为犹太人，只要其父亲是犹太人，且按照犹太的方式被抚养成人，那么此人即可被视为犹太人。[②]

由此可见，通过这些常见的族群身份界定依据来回答“谁是犹太人”的问题，是非常困难的。从身份界定这一基本问题就可以窥见“犹太人”问题在人类文化史上是一个多么重要且艰深的话题。这一话题可以从两个角度来思考，如果从外部视角来看待犹太群体，那么就是我们前文所探讨的犹太人界定的问题；而如果从犹太人自身的内部视角来看，则呼应了本书所探讨的核心话题——“认同”问题，也就是犹太人身份属性的问题。外部世界看到的是“谁是犹太人”的身份界定问题，而犹太人自身体察的则是有关“我是谁”以及“我们是谁”的身份认同问题。犹太人的认同问题是随着犹太人流散的历程而越发凸显的，并且伴随了整个近现代犹太发展史。在犹太人的迁移过程中，他们一方面与居住国不断进行交往和互动，受着异质文化的熏染；一方面又通过犹太宗教、生活和相对集中的犹太社区维系着自己的犹太身份属性。但是随着犹太宗教的解放与改革进程不断

---

① 参见刘洪一 . 犹太文化要义［M］. 北京：商务印书馆，2004：22-29.

② 参见宋立宏 . 谁是“犹太人”——关于“Ioudaios”的札记［J］. 历史研究，2007（2）. 李恩堂 .“犹太人”之界定刍议［J］. 天中学刊，2010（2）.

加深，随着现代化进程对传统犹太生活的猛烈冲击，犹太人彻底暴露于开放的环境之中，原有的“血缘”“体貌”“宗教”“语言”等身份界定范畴都逐渐失效。犹太认同问题越来越成为一个深层的文化问题，甚至是价值问题。学者刘洪一深刻地指出，犹太身份或者说“犹太性”，“对犹太文化个体而言，是一种普遍的、不可剥夺的精神感觉，一种固存在内心深处的文化情结；由历代千百万犹太个体及犹太历史文化成品共同负载、呈现的犹太精神与民族品质，对犹太民族整体而言则是一种综合、复杂、有别于任何一种民族文化的文化历史结构和精神气质”。“犹太人”包含了这个民族“特定的历史经验、宗教意识、思维观念、心理积淀和文化传统等内容，这些内容本身显然不是一种平面结构，而是一种相互交错的立体构成”①。

因此，犹太人的界定之困实际上是犹太文化复杂、多维、立体结构的一种突出呈现。而这样的现实困境也让我们意识到，犹太人的认同问题无法仅仅依靠“硬性”的客观标准来解答，必须通过犹太文化、犹太价值等“软性”尺度来寻求答案。

2. 美国犹太人统计的口径差异

由于美国政教分离的法律原则，在人口普查中禁止调查宗教信仰情况，因此近年来有关犹太人口统计的数据一般是基于样本统计，或者是对各个地区性犹太调查数据进行统合整理。相对可信的数据来自以下几个机构：一是犹太同盟委员会赞助下进行的全美犹太人口调查（The National Jewish Population Survey，NJPS），二是北美犹太数据银行（The North American Jewish Data Bank），三是美国犹太人委员会（American Jewish Committee），四是《美国犹太人年鉴》，五是美国皮尤研究中心（Pew Research Center），六是布兰代斯大学的斯坦哈特社会研究所（Steinhardt Social Research Institute）。

近年来的几次犹太人口调查在统计方法和统计结果方面都存在着差异。2013 年度皮尤研究中心基于全美范围内的抽样统计调查，估计美国犹太人的核心人口约为 670 万，其中包括 570 万的纯犹太人和 100 万的部分性犹太人。皮尤的调查将犹太人定义为“其宗教信仰是犹太教（且不信奉任何其他宗教）”和“无神论者、不可知论者或没有特别的宗教信仰，但拥有

---

① 刘洪一 . 犹太文化要义［M］. 北京：商务印书馆，2004：28.

犹太父母或有犹太人的成长经历，仍然认为自己是犹太人”的人。作为近年来最受关注的研究之一，这项调查也存在着明显的不足，因为调研的手段主要依靠电话访问。当前，大量家庭都不再使用固定电话，且有固定电话的家庭越来越倾向于只接听熟悉电话号码的来电，而且移动电话的应答率又比较低。从皮尤研究中心此项调查和其他类似调查的应答率就可以看出，这种统计方法变得越来越困难，弊端也会越来越明显。

2015 年度布兰代斯大学斯坦哈特社会研究所对过去十年间数十项全国性的统计研究中犹太人比例的平均值进行了综合分析（Meta-Analysis），估计美国犹太人口约为 716 万。该项研究将满足以下任何一点的都视为犹太人——“宗教信仰是犹太教”“宗教信仰之一是犹太教”“没有宗教信仰，且父母中至少有一方是犹太人或以犹太人的方式被抚养长大”“有非一神教的宗教信仰，且父母中至少有一方是犹太人或以犹太人的方式被抚养长大”。但是斯坦哈特社会研究所的方法只统计了成年犹太人，用这样的统计推论来预测未成年人数量或是推测宗教信仰倾向都存在着一定的问题。

2017 年度《美国犹太人年鉴》的数据是基于 900 多个犹太社区人口统计数据的数量求和，统计出来的数据为 685.1 万人。由于地方的数据并不是每年都进行新一轮的统计，一般都是基于近十年的统计结果，因此 2017 年的人口数量与 2016 年《美国犹太人年鉴》的人口数量基本相当。数据发布者指出，实际上犹太人的人口数量可能会低于 685.1 万这个数值，因为有一些候鸟型人口（一年中有部分时间在一个社区中度过，另一部分时间在另一个社区中度过的家庭）、高校学生（他们可能同时被归类于家庭所在地的犹太社区和学校所在地的犹太社区）以及在统计期间从一个社区迁移到另一个社区的家庭，都很可能会被重复计算。2017 年度《美国犹太人年鉴》中还列出了界定和统计犹太人口的四个重要概念，即：

a. 核心犹太人口（Core Jewish population，CJP），下图 1—2 层；

b. 有血缘关系的犹太人口［Population with Jewish parent (s)，JPP］，下图 1—4 层；

c. 扩大化的犹太人口（Enlarged Jewish population，EJP），下图 1—6 层；

d.《回归法》规定的犹太人口（Law of Return population，LRP），下图 1—7 层。

第 1 层，代表认为自己是犹太人，且将是否信仰犹太教作为犹太身份主要识别方式的人口。

第 2 层，代表认为自己是犹太人，但不将信仰犹太教作为犹太身份主要识别方式的人口。

第 3 层，代表将身份认同和识别划分成不同的方面，从而认为是部分的犹太人的人口。

第 4 层，代表父母中至少有一方是犹太人，但并不认为自己是犹太人的人口。

第 5 层，代表自称有犹太背景，但是父母都不是犹太人的人口。

第 6 层，代表没有犹太背景，但是和犹太人生活在一起的人口。

第 7 层，代表按照《回归法》界定的犹太人口。

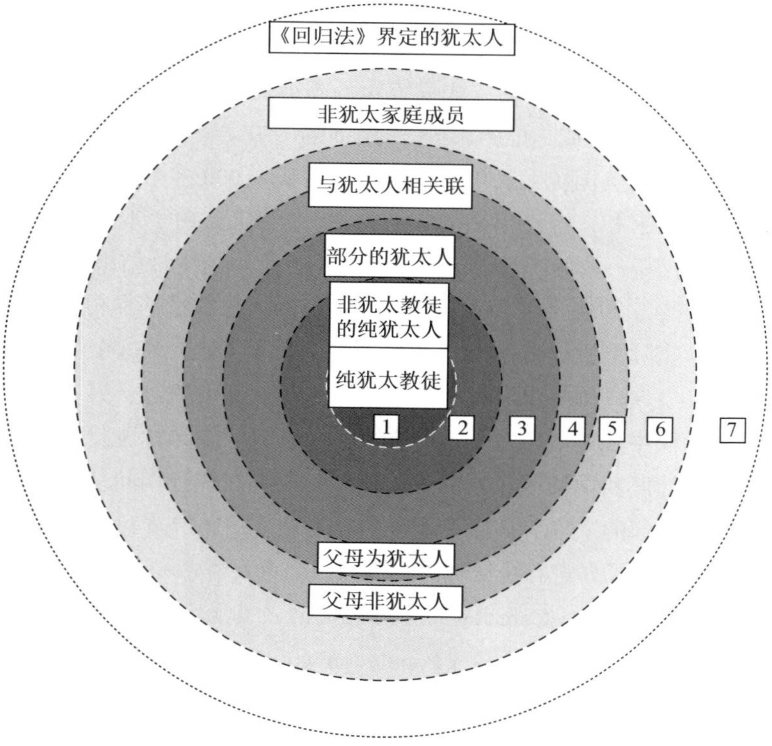

图 1–2　2017 年美国当代犹太人口的界定及范围①

① Dashefsky, Arnold, Sheskin, Ira M. (Eds.). American Jewish Year Book 2017[R]. Springer International Publishing, 2018: 579.

据此我们可以看出，单纯用传统的体质特征、宗教意识或是民族语言等方式来界定犹太人都是不可行的，且当前无论是按照传统犹太律法界定，还是按照以色列法律界定，也都存在着一定的弊端和争议。身份界定之困为美国犹太社团带来的直接影响就是人口统计的难题。当前有关美国犹太人的几项较大规模的调查研究，在最终的结果上呈现出一定的差异性。这种结果一方面是统计方法差异所导致的，但是更根本的原因在于，针对“谁是犹太人”这一核心问题的界定，研究者们无法达成共识。由此，美国犹太人的身份危机不仅表现为自我身份的确证之难，更表现为群体边界的划定之难和群体成员的确认之难，这些都使价值认同成为了越来越难以回避的问题。

三、美国犹太人价值认同的分析理路

犹太民族是一个崇尚知识与智慧的民族，也是一个善于钻研和反思的民族。在美国犹太研究领域，价值认同问题一直是犹太研究学界所关注的核心话题之一，社会学、心理学、历史学等等学科及交叉学科领域都在努力探索价值认同的问题。本书认为，马克思主义价值理论为美国犹太价值认同研究提供了最为适恰的理论资源和分析理论，实现了对当前西方主流研究范式的综合与超越。因此，本书以马克思主义价值理论为根本分析范式，并据此谋篇布局。

（一）当前美国犹太认同研究的三种典型范式

当前的美国犹太认同研究集中于两个方面，其一是在文化同化的背景下考察美国犹太人犹太性的程度与水平；其二是在环境变迁的背景下探究当代美国犹太人犹太性的本质与特性。围绕着这两个基本问题，形成了“犹太族群结构性特征”“犹太习俗变化趋势”和“犹太认同的意义建构”这三种典型的研究进路[①]。

1. 族群边界探寻理路：依循犹太族群结构性特征

这种理路主要是研究犹太人作为一个族群在社会学意义上的特殊性（sociological distinctiveness approach），也就是从犹太人的社交模式来看他们在何种程度上有别于其他族群，探讨犹太价值认同的“族群边界”问题。

① 下文有关三种研究进路的分析主要参考 Horowitz B . Reframing the Study of Contemporary American Jewish Identity[J]. Contemporary Jewry, 2002, 23(1): 14–34.

学者们重点关注美国的种族的同化与整合问题，从种族（ethnicity）的角度将犹太人与其他族群进行横向比较，例如意大利裔、爱尔兰裔、波兰裔美国人。这里使用的“种族”基于社会结构指标的群体特性，例如婚姻习俗、特色语言和地理聚集情况等。由于这些指标在不同种族之间可能存在着巨大差异甚至没有可比性，因此这类研究主要将犹太人与相近的白人族裔进行比较，研究犹太人在交往互动或组织模式上的特殊性，也就是所谓的“结构性特征”（structural distinctiveness）。

美国部分社会学家认为，移民团体一般而言需要经历自我隔离（self-segregation），融合（acculturation）和同化（assimilation）这样三个过程。从社会学与文化学的角度来看，“同化”意味着个体或群体在与异质文化相交往的过程中，逐渐与之融合成为一种相对同质文化的过程。这一过程具有动态性、渐进性和多维性的特征。经过同化的过程之后，尽管个体可能仍然保持着原有的文化习俗和身份属性，但是这些已经退化成一种历史记忆，而不具备实质上的意义。美国学者米尔顿·戈登（Milton Gordon）的经典社会同化理论将同化分为不同类型，包括文化同化、婚姻同化、身份同化、态度接纳同化、行为接纳同化和社会同化、结构同化等。同化最初是从“文化同化”开始的，也就是移民自觉参与到居住国文化活动中以达成文化适应。而“结构同化”的影响最为深刻，也就是文化主体逐渐脱离原有文化群体，适应居住国的社会生活并融入居住国的社会体制当中。①

从欧洲各国移民到美国的各个族裔群体及其后代基本上都被同化了，他们的文化使美国社会整合度更高、文化更加多元。由于各个族裔失去了原有的生存环境，因此研究者提出了“象征性族裔”（symbolic ethnicity）的概念来替代基于实际交往和互动而形成的“实质性族裔”（substantive ethnicity）。过去基于共同的群体生活的认同是原始的、自然的、与生俱来的，是环境的一部分；而移民后由于环境的改变，个人的认同是偶发的、自愿的、私人的、具体的。也就是说，移民使族裔的认同从给定的变成了选择性的，从外部支持性的变成了内在关联性的。这种象征性表征的是整体上的同化进程，对于“象征性族裔”而言，群体身份缘于个人基于意义性的选择，而非基于共同命运、共同历史、共同祖先的休戚与共的关联。

① 参见邱文平. 同化的悖论：“熔炉”中犹太人和美国精神的互动［J］. 史林，2011（1）.

学者 Gans 认为，随着同化进程的加深，个体对群体的联系会逐渐减弱，直至消亡。但是，即使群体的结构性特征已经消亡了，个人化的族裔身份也有可能延续下去。这种情况对美国的欧洲裔白人移民是成立的。但是犹太人的身份认同除了社会结构的支持以外，还有宗教的支撑，犹太族群的宗教文化或者说神性文化使犹太人不易被文化同化和文化适应所影响。因此，宗教因素是犹太人的一个额外的，而且是一个关键的变量，为犹太族群提供了更加稳定、更加长久的族群结构。Jacobson 对 Gans 的结论进行了批判，他认为 Gans 的研究局限于美国当前的社会环境，缺乏历史纵深的视野和跨越国界的视野，而且没有理解犹太身份认同的内在价值。他将全世界的犹太人视为一个个跨国性社区的集合体，通过祖先的移民历程和集体记忆而凝聚在一起。总而言之，他认为“象征性族裔”的说法也许恰当，但不全面。

总体来看，犹太移民与欧洲其他族裔的移民历程是同时发生的，但是犹太人并没有完全与那些族裔同步。尽管美国犹太人在地理、社会、文化等方面也是分散的，但是相比于同期的其他族裔，犹太人作为一个群体，仍保留着更加结构化的族裔特征。Goldscheider（1997）研究了 1910-1990 年间美国犹太人在教育和职业领域的成就及多样性，并和其他白人族裔进行了对比。他发现犹太人的个人发展模式有着清晰的族群特性，他把这种犹太人互相抱团，分享社区 - 家庭经历、历史、价值观、公共组织、宗教习俗和生活方式的特点看作是向心力，让犹太人团结在一起。相反，同化则是一种离心力，让他们彼此分离。Waldinger（1996）研究了纽约劳动力市场里的族裔网络，他发现不同的族裔群体会形成一个小的职业生态圈，让相同族裔的人更容易进入到相关职业，甚至将其他族裔的人排除在外。越来越多的犹太人获得了白领职位，加入到了法律、制药、金融、传媒、社会工作等行业。因此这种组织化的犹太社区为犹太人提供了有利于“存续议程”（continuity agenda）的文化形式，它帮助犹太人维持一定程度的群体交往和共同经历，让他们有相似的阶层位置，这是族群团结的结构性基础。

2. 现实样态描摹理路：评估犹太习俗的变化趋势

这种理路主要研究犹太习俗的衰退水平（“the declining level of Jewish practice” approach），也就是犹太人在何种程度上延续他们传统的宗教或文化习俗，探讨的是犹太价值认同的“现实样态”问题。这种视角以独特的传统和习俗来界定犹太性，以在美国定居的时长及其对犹太习俗影响的总水平为具体例证，通过追踪犹太文化和宗教的特定样态来推测其犹太属性和认同程度。相关研究重点考察某一特定时期、某个特定环境下的犹太人在宗教习俗、族群行为方面的特征，然后将这些特征与犹太移民的后代进行代际比较。一般来讲，初代移民一般呈现出民族团结性（例如聚居在一起），他们还会延续宗教传统和律法习俗。然而这种特性会随着代际更替逐渐下降。

研究者认为，初代移民要比其子孙后代的犹太性更强，犹太性随着代际衰减。但是这种视角的出发点便带着偏见。研究者倾向于认为，带有犹太仪礼、宗教和习俗特色的欧洲式犹太性（European Jewishness）被视为更加正宗的犹太性，相比之下的美国式犹太性（American Jewishness）显得苍白无力，而实际上二者都是在特定环境下的“无奈之选”（forced choice）。这种对犹太习俗衰退情况的研究方法只关注了一小部分犹太习俗，没有兼顾到犹太习俗的多样性。往往对那些同质化较高的习俗较为关注，而忽视了那些特殊的习俗。因此，有的学者指责这些研究的唯一的可能结果就是犹太性的削弱（erosion），即使有崭新形式的犹太性在不断进化也会被忽略。

在犹太性削弱的情况和预设下，学者们研究的另一个主要方向就是如何增强犹太性。他们发现儿童时期的犹太教育（Jewish education and schooling）能够与成年后的犹太身份认同相关联。简单地说，时间长、强度高的犹太教育被视为是强化犹太身份认同的主要方式。这种早期干预的犹太教育模型（Early Exposure to Jewish Education）蕴涵着一种对犹太身份和犹太性本质的看法。首先，认为犹太身份认同基于一系列规范的、传统的犹太价值观、信仰、态度和习俗，有的学者就通过18项具体的指标来对犹太身份认同进行测量。其次，犹太性被视为是一种形成于个体人生早期的一种原生的忠诚感，与个人的反应、选择和决策是相分离的，早期的犹太教育，能够让犹太身份固化于心。强化的犹太性被视为是从家庭开始的，包含正式及非正式犹太教育等一系列社会化经历的结果。

Simon Herman将犹太认同定义为群体的模式和特性，以及个体与这些特性之间的关系。他认为理想化的情况是：

1. 犹太族群既是一个民族性的存在又是宗教性存在，而不仅仅是其中一种；

2. 犹太族群占据着犹太（个体）生活中的中心地位；

3. 身为犹太人是正效价的（positive valence）；

4. 犹太族群能够为犹太（个体）生命中的重要领域提供引导；

5.（个体）行为——尤其是日常行为——与群体的规范相一致，具有独特的犹太印记。

Herman 为犹太性提供了一种最大化的定义，体现了一种理想化的水平，如果将这个定义应用于多元化的美国犹太群体，可能只有一小部分人符合条件。按照这个定义，美国犹太人实际上的犹太性要“低于”这种理想化的水平。近年来对美国犹太认同的大量量化研究就采用了这种范式，比较典型的比如皮尤研究中心 2013 年针对美国犹太人的全国性调查。

此外，美国学者英格尔（J. Milton Yinger）提出了影响族群成员认同程度的变量体系，如下表所示。这是美国社会学家对于族群关系研究的理论总结，也是对于影响族群关系的各种因素加以系统化呈现的尝试。

表 1–6　影响族群成员身份认同的变量①

变量概括	使族群成员认同感强化	使族群成员认同感弱化
人口规模	1. 人口规模很大（在总人口中的比重）	1. 人口规模相对很小
居住格局	2. 在地区和基层社区中集中居住	2. 在地区和基层社区中分散居住
移民比例	3. 居住时间短（新移民比例大）	3. 居住时间长（新移民比例小）
母国联系	4. 回访母国既方便又频繁	4. 回访母国非常困难，很少回访
语言差别	5. 与本地其他族群的语言不通	5. 与本地其他族群的语言相通
宗教差异	6. 信仰与本地主要族群不同的宗教	6. 信仰与本地主要族群相同的宗教
种族差异	7. 属于不同的种族（明显体质差异）	7. 属于相同的种族（无明显体质差异）
迁移方式	8. 通过外界强力或征服行为进入这一社会	8. 自愿地进入这一社会
文化差异	9. 来自具有不同文化传统的其他社会	9. 来自具有相似文化传统的其他社会
母国情感	10. 母国的政治与经济发展对其有吸引力	10. 被母国的政治和经济发展所驱逐出来
阶级构成	11. 在阶级和职业方面的同质性	11. 在阶级和职业方面的多样性
教育水平	12. 平均受教育水平比较低	12. 平均受教育水平比较高
歧视经历	13. 有较多的种族歧视经历	13. 没什么种族歧视经历
社会流动	14. 所生活的社会没有社会流动	14. 所生活社会的社会阶层是开放的

① 转引自马戎. 民族社会学导论. 北京：北京大学出版社，2005：195–196. 引用时对表格形式稍有改动。

3. 社会心理融通理路：建构犹太认同的意义世界

这种研究理路主要研究在环境变迁背景下，当代美国犹太人犹太性的本质与特性。通过前面两种研究思路，学者们发现美国犹太人的犹太身份内涵与他们的祖先们不同，也与理想化的情形不同。那么在他们的现实生活中，犹太身份对他们到底意味着什么呢？这样的疑问开启了美国犹太身份认同研究的新阶段，学者们开始采用一种不同于以往的规范性的方法，而是从社会心理学视角来分析犹太人的认同问题。其中最具影响力的是 Kelman（1999）的研究。他提出了社会影响的三种模式——服从（compliance）、认同（identification）和内化（internalization），不同模式会形成对社会系统的不同参与类型。他认为，族群身份认同（“group identities”）在成员个体身份认同（identities of individual group members）之上。群体身份认同及其不同的组成部分所代表的外部输入会通过各种社会影响的过程最终合并到个人身份认同当中。他认为，个体与犹太人身份的特定联系取决于他能够在多大程度上将犹太传统和背景内化并整合到个人身份认同的核心部分。他总结出以下几种不同的犹太认同类型，包括替代性犹太认同（“vicarious” Jewish identity），即源自于个体适从当下情境的需要（emerge from a person’s compliance with the demands of the immediate context）；赋予式犹太认同（“conferred” Jewish identity），即借由他人而形成的身份体认（emerge from a person’s identification with other people）；以及真正的犹太认同（“authentic” Jewish identity），这种认同由大量已经内化的要素所组成，而且这种形成过程是经年累月的。Kelman 认为，只有真正的认同才能够在变化的环境和关系中持久存在，而另外两种认同则没有这么稳定。与 Herman 的规范性视角不同，Kelman 对群体层面的集体观念并不十分关注，即使在传统或者历史的角度来看，个体内化的犹太身份认同可能会与“维持犹太群体认同的统一性和稳定性”的需求相冲突。他的关注点在于“个体化”（individualizing），而不在于如何使犹太认同“最大化”（maximizing）。在这一点上，他自己也意识到是存在争议的。他说：“这种模式对于那些致力于以传统的方式维持犹太认同的统一性和完整性的人而言，也许是无法接受的”。Kelman 认为这些人的指责可以理解，但是在我们生活着的这个复杂的、多元的、快速变化的世界当中，他所倡导的这种模式对于将犹太身份认同汇入到个人真实的、完整的认同系统当中是更加有效的。通过开启犹太价值观与其他价值观的交流，也许会使一些犹太价值观发生改变，但是却保持了它的生机与活力。而过去所强调的集体认同，脱离了具体的内涵，在个人日常生活和人生抉择方面都扮演着无关紧要的角色，实际上是供给层面的最大化和接受层面的最小化，它只有在特定的情况下才能够被激活，例如犹太人有提升地位的机会，或者是面对着群体灭亡的威胁。

这种视角将犹太个体身份认同的讨论焦点从一种义务性的犹太性转向了意义性的犹太性，认为将犹太身份内化并整合到个人身份认同当中是最重要的。这样，犹太性就不再是一种一成不变的给定物（given），而是由其所生活的特定文化背景当中的特定的社交网络所构成的。个体不再将犹太性视为一个自给自足的整体（self-contained package），而是与自身建立起密切关联，并且通过人类学家所定义的那种"民族再生"（reinvention of ethnicity）的过程将犹太性的要素吸收到个体认同当中。这种研究视角强调，做犹太人有不同的方式，犹太身份有不同的面向，而不只是犹太性程度高与低这一个层面。

通过学者们类似的研究，犹太认同的概念发生了变化。它不仅仅从宗教行为或风俗习惯来进行衡量，而是扩展到对个体有意义和价值的各个方面。更重要的是，内在化、主观的犹太身份关联被视为犹太行动（Jewish actions）的行为指令（behavioral enactment）。这种以意义为基础（meaning-based）的视角至少包含两项任务：第一，需要从整体层面对犹太性的内涵加以描述；第二，需要从个体层面对犹太性加以描述。

如上所述，当前对犹太认同的定义有描述性和规范性两大类型。描述性的定义认为犹太认同是个人化的选择，指出了建构主义的、以意义为基础的犹太认同的重要性。规范性的定义认为不论个人感受或看法如何，都应该通过对犹太人规范性的理解来衡量犹太身份。事实上，界定犹太认同或犹太性这个问题是美国当代犹太认同的关注焦点。大家意见不一，甚至有的学者认为在基本概念的内涵上都表意不清，Ritterband（1997）提议废弃掉犹太认同（Jewish identity）这个概念，用犹太性（Jewishness）来代替。以"结构性特征"来界定是基于犹太人独特的行为模式，甚至可以同传统和规范性的犹太生活毫无关联。比如相比之下，犹太人购买图书的数量更多，那么这一点就可以成为犹太人社会结构性特征的一项指标，因此可以视之为一种基于概率（probabilistic）的视角。以“犹太习俗衰退水平”来界定是基于犹太人具体的行为，可以将之视为一种本质主义（essentialist）的视角。以“意义建构”来界定是基于犹太人对其犹太属性的自我认定，可以视之为一种建构主义（constructionist）的视角。①

当前美国犹太人的生存环境不同于以往，与50年前的美国不同，与18世纪的欧洲更加不同，因此对于犹太身份认同和犹太性的研究也要考虑到外部环境的变化。继续采用规范性的和本质性的角度来看待犹太性的问题，显然是不合时宜的。犹太性不是静态的、一成不变的，而是会不断针对特定的社会历史环境而作出反应和调适。事实上，犹太性的内涵和与犹太人的社会模式不仅是可变的，而且正在发生变化。研究者发现，综观过去几十年美国犹太社团的发展，最关键的一点就是社团内部快速的多样化发展，这种多样化已经超出了原有对犹太性的界定与分类。按照教派类型和从属关系来对犹太人口进行分类已经没那么有效了。对于很多美国犹太人而言，犹太性在宗教性、种族性或民族性方面的意义都在降低，而更多体现在对个体生命的价值方面。随着犹太身份越来越成为私人化、个性化的问题，应该寻找一种挖掘犹太性的意义与价值的方式，使犹太性与个体生活紧密相连。所以当前学者们倡导除了关注犹太人对习俗的遵守和对犹太生活的参与之外，更重要的是去研究犹太身份认同主观的、内在的涵义，建立起犹太价值认同与个体的关联性，以及对个体的意义性。

（二）基于马克思主义价值理论的研究策略

通过对西方当前主流研究范式的分析，我们发现，随着研究的深化，学者对美国犹太价值认同的理解也不断深入本质，研究的范式也逐渐开始从规范性向描述性转变、从静态性向动态性转变、从本质主义向建构主义转变。然而，上述三种研究进路都没有将美国犹太群体还原为现实的、具体的人来考察，也没有将美国犹太人置身于鲜活的社会历史实践中去考察，因此在一定程度上折损了美国犹太人价值认同研究的理论价值与现实意义。本书将在吸收借鉴现有研究成果的基础上，主要以马克思主义价值理论为依据，并制定适合本书的研究策略。

---

① 参见 Horowitz B. Reframing the Study of Contemporary American Jewish Identity[J]. Contemporary Jewry, 2002, 23(1):14–34.

长期以来，西方学界广泛存在着“马克思主义只是着重强调物质决定论和经济决定论，忽视人的价值”的诟病。带着这种偏见和误解，学者们对马克思主义价值理论资源的挖掘普遍不够深入。“结果，西方世界的当前兴趣便集中在马克思以下几个方面的论述上，即他对人的看法，对异化的人的分析以及要建立一个人人不受剥削的更人道的社会，才能使每个人的全部潜在能力发展得最完满的建议。”[①]客观来讲，在马克思和恩格斯所处的时代背景下，由于现代价值理论仍处于酝酿和萌芽时期，因此二人并没有对价值理论进行专门的研究，也没有形成系统的论述。但是如果将马克思主义作为一个整体来考察，我们会发现，马克思主义作为无产阶级的价值学说，实际上就是“关于劳动解放、人的解放、无产阶级和共产主义运动的真正社会历史价值的论证”。因此，价值理论是“马克思主义世界观的基础理论，它提供了人们观察世界、理解问题和解决问题的一种基本方法、一种重要视界”[②]。马克思主义价值理论在以下两个方面构成了本书研究的逻辑支点。

其一，关注现实的人与人的现实生活。马克思所使用的考察方法，其“前提是人，但不是处在某种虚幻的离群索居和固定不变状态中的人，而是处在现实的、可以通过经验观察到的、在一定条件下进行的发展过程中的人。”[③]因此，把人只当作“理性人”“意志人”“情感人”是片面的，把人只当作是“感性的人”“肉体的人”也是片面的。把人的本质、人性当作是超历史的亘古不变的东西，或把人简单地理解为个人，理解为原子式的孤立的人，割断了个人与社会、与历史的联系，都是片面的。马克思在《论犹太人问题》中曾经深刻地指出：“我们不是到犹太人的宗教里去寻找犹太人的秘密，而是到现实的犹太人里去寻找他的宗教的秘密。”[④]所谓现实的犹太人，实际上就是把犹太人置于现实的社会语境之中，把他们看作是与其他人有着各种关系、发生着各种交往、继承着此前以往的各种文化成果的人。因此，考察美国犹太人，也要考察他们所处的美国社会，考察他们所在的历史环境，考察他们的现实需要，考察他们的理想追求，考察他们

① ［美］宾克莱．理想的冲突［M］．北京：商务印书馆，1993：61.

② 马俊峰．马克思主义价值理论研究［M］．北京：北京师范大学出版社，2012：2.

③ 马克思恩格斯选集（第1卷）［C］．北京：人民出版社，1995：73.

④ 马克思恩格斯全集第3卷．［C］．北京：人民出版社，2002：191.

的价值生成与发展，只有这样才能真正探究到“犹太人的秘密”。价值认同是历史的过程、改变的过程、自我更新和自我调整的过程。它不是一旦形成就永远不变的，而是与时俱进的，体现着历史性、时代性与实践性的。价值认同实际上就反映着否定性的辩证法，在这种内在否定性当中，生命体逐渐形成价值判断，形成价值认同，并且通过价值认同改变自身、改变环境、改变世界。从现实的人和人的现实活动出发，在以下两个方面对我们研究策略与分析范式的选择具有启示意义。其一，我们不能将其视为一成不变的静态现象，而是要在持续不断的发展和变动之中把握其时代性与动态性。其二，我们不能仅仅关注价值的“认同”层面，同时也要关注价值的“冲突”层面，因为价值冲突往往揭示了内在的矛盾，预示着价值观念的发展变化，蕴涵着价值认同的可能。因此，本书的第二章、第三章分别将美国犹太人还原到美国犹太人价值认同演进的历史进程与现实境遇之中，使本书的研究不至于沦为无源之水、无本之木。

其二，实践是一切价值的根本源泉。尽管价值问题不是事实问题，价值认同所指向的对象内容也有其具体的观念形态，但它一旦经历了“认同”的过程，就会转化成一定群体范围内的生命活动和实践活动。“价值是一种客观存在的社会现象，人们不断地追求和创造价值，同时也在不断地认识和评价价值。”① 人们需要在精神上认可这种价值理想和价值追求，并且按照这种评价去对待自己的观念和行为，对待自己在人群共同体中的关系。因此，与价值认同相关的精神活动和社会历史活动本身就是具有实践性质的。但是这种实践活动的根源还是价值，因此价值认同不是经验的事实自发形成的，而是需要进行价值观意义上的、价值标准意义上的影响、教育、示范、评价，通过精神活动和生命活动等具体实践形式的驱动而形成。“价值观是社会意识的一种特殊形式，它是社会生活过程在观念上的反映，归根结底是物质生活过程在观念上的反映。同时，文化传统对于生活于其中的所有人来说是一种客观的、无所不在的力量，成为影响与决定其价值观形成的社会条件。因此，每一时代的价值观都是当时一定的物质生活方式、政治法律制度、观念文化传统等因素潜移默化地濡染、熏陶和塑造的结果。任何一个社会都是一

---

① 陈先达，杨耕编著. 马克思主义哲学原理（第四版）[M]. 北京：中国人民大学出版社，2016：177.

方面通过法律手段、社会舆论和学校教育，有目的、有计划地把某种价值观灌输给每个社会成员；另一方面，通过文化传统，如风俗习惯、社会心理等形式，将其价值观在潜移默化中传递给每个成员，从而促使他们形成一定的价值观，并使个人的价值观与社会的价值观协调一致起来。”[①] 因此，本书第四章着力分析美国犹太人所认同的核心价值理念及其实践承载机制。通过研究我们发现，尽管实践环节中有许多因素都能对美国犹太人的价值认同产生影响，但是其中最为典型且最为有效的实践活动形式是美国的犹太教育，因此第五章将美国犹太人价值认同的教育路径加以重点分析。

据此，本书共设计了三个部分。第一部分是第一章，介绍美国犹太人价值认同的分析基础。以马克思主义价值理论为根本遵循，对“价值认同”的本质意涵加以探讨，并依据美国犹太人的现实状况和独特地位，分析其在价值认同问题上的样本意义。第二部分是第二至五章。本部分主要包括两个层次，第一个层次是第二、三章，介绍美国犹太人价值认同的历史流变与现代张力；第二个层次是第四、五章，介绍美国犹太人价值认同的内容逻辑与实践中的教育路径。第三部分是第六章，分析美国犹太人价值认同对我们的启示意义。

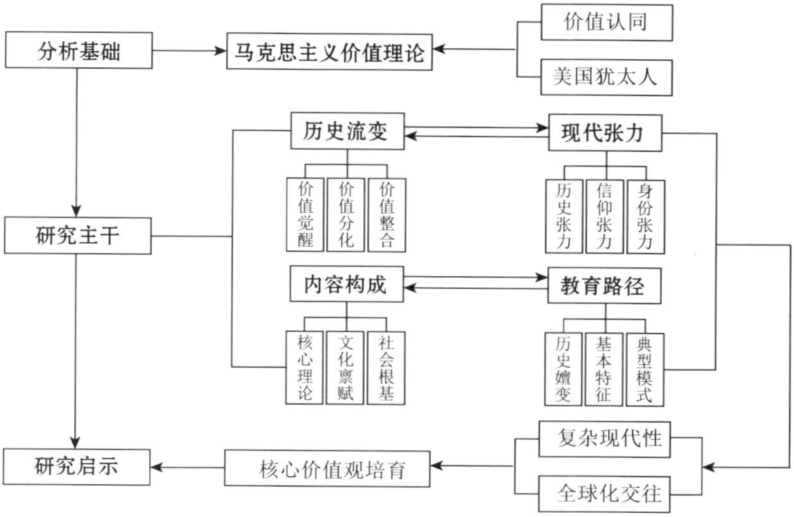

图 1–3 本书框架结构示意图

① 陈先达，杨耕编著. 马克思主义哲学原理（第四版）[M]. 北京：中国人民大学出版社，2016：178–179.

第二章

美国犹太人价值认同的历史流变

历史上公认的犹太人定居美国的开端可以追溯到1654年。当时，一艘从巴西驶来的船上载着23名塞法迪[①]犹太人，停靠在新阿姆斯特丹，也就是现在的纽约市。此后三百多年的时间里，美国社会又出现了几次大规模的犹太移民潮，使美国犹太社团的力量不断壮大。尽管这些移民有着共同的“犹太基因”，但是由于长期以来居住地的文化背景不同，导致他们在风俗习惯、语言运用，甚至在犹太教的崇信方式等方面都存在着不容忽视的差异，以至于美国犹太社团内部的价值认同问题逐渐产生并日益凸显。

一、第一次移民潮与犹太价值意识觉醒

从1654年到19世纪初，是犹太人定居美国的第一阶段。当犹太人刚刚抵达新大陆的时候，欧洲大陆反犹主义并没有在当时的北美殖民地偃旗息鼓。当时，新阿姆斯特丹的领导者荷兰总督给荷兰西印度公司董事会写信声明，禁止“亵渎基督名字”的犹太人来“骚扰、搅乱这新殖民地”。但是不同于旧欧洲的是，新大陆并不具备根深蒂固的反犹基础，并且随着自由民主思潮的上升，反犹主义的影响受到了一定的抑制。[②]在第一阶段期间，美国犹太人人口规模较小，但是他们积极参与建设、争取权利、提高群体地位，为日后犹太社团的发展奠定了坚实的基础。在殖民地期间，犹太人仍秉持着传统和顺从的价值理念，保持着群体的团结和稳定。随着移民进程发展和深入，犹太社团开始受到新大陆的思想意识的影响，随之而

① 塞法迪为Sephardic的音译，原指西班牙、葡萄牙犹太人，后泛指从地中海沿岸移居世界各地的犹太人。

② 潘光．美国犹太人的成功与犹太文化特征［J］．美国研究，1999（3）．

来的是价值意识也一步步开始觉醒。当然，这里的价值意识指的是犹太人以美国公民身份为前提条件的价值意识，而非单纯的民族或宗教身份意识。

（一）联合会堂与集体感

这一时期，犹太人的人口规模不大，他们以“会堂－社区”的形式被组织在一起。开希拉（kehillah，亦译作“凯希拉”）是犹太人独特的社区自我管理形式，反映了中世纪犹太生活一体化的特点，“会堂－社区”模式就是由此演变而来。[①]1638-1639 年，阿姆斯特丹的塞法迪犹太人将城市中的多座会堂合并成一座“神圣律法”社区（Kahal Kadosh Talmud Torah）。这座会堂的领导人成为整个城市塞法迪社区的领导人，新的联合会堂一方面加强了对会众的统一管理，一方面有免于造成犹太的“国中之国”的印象，于是得以在各地迅速扩展，先是在累西腓、汉堡、伦敦、西印度群岛，而后又在纽约站稳了脚跟。[②]纽约的第一座联合会堂正式名称为“以色列余民”（Kahal Kadosh Shearith Israel，英文名为 Holy Congregation Remnant of Israel）。这一名称蕴涵着救赎的允诺。“我必要招聚你们，必要招聚以色列剩下的人”，弥迦先知说道，“安置在一处，如草场上的羊群”，（《弥迦书》，第 2 章第 12 节）“以色列余民”就这样唤起了一种普遍的信念，那就是流散到世界各地的“以色列余民”将欢呼着再次聚集。[③]犹太教的联合会堂在宗教生活的所有方面都担负着责任，包括：公共祈祷、饮食法、生活中的周期性实践、教育、慈善、与世界犹太人的联系、对墓地和仪式性净礼采取谨慎态度、逾越节薄饼的烹制、赫罗塞思（一种由坚果、水果、香料和白酒制成的糊状食品，作为逾越节家宴礼仪的一部分）的分配。联合会堂是犹太社区的代表性团体，以所有地区的犹太人的名义行事。另外，对于当地的犹太人来说，它也是一个集会的地方和交流的渠道。[④]由此，联合会堂让犹太人处于一种集体生活的状态，将犹太人的力量有效地组织在一起。

实际上，以上集体意识和生活状态是美国犹太人进入流散历史后所形

---

① ［美］乔纳森·D.萨纳著，胡浩译.美国犹太教史［M］.郑州：大象出版社，2009：10.

② 转引自［美］乔纳森·D.萨纳著，胡浩译.美国犹太教史［M］.郑州：大象出版社，2009：10-11.

③ 同上书：11.

④ ［美］乔纳森·D.萨纳著，胡浩译.美国犹太教史［M］.郑州：大象出版社，2009：11.

成的一种极具代表性的文化存在方式——“隔都”文化，这种文化在极大程度上表征性地揭示出犹太文化历史的若干重要内容。“隔都”（Ghetto），也被译为隔坨区，其基本内涵是隔离聚居区。在不同地区、不同时期“隔都现象”往往有着不同的称谓，例如：在法国南部被称为“犹太采石场”（Juiverie），在德国和奥地利常被称为“犹太巷”（Judengasse），在葡萄牙被称为“犹太街”（Judiaria），在荷兰则被称为“犹太街”（Jodenstraat）等。隔都现象的出现实际上既有所在地文化和历史的客观原因，也有犹太文化自身的内在原因。据记载，历史上各居住地当局常常针对犹太人制定出各种行为规范，并相应施以强制性的居住管理。而在这样的背景下，流散的犹太人往往也必须通过聚居生活的方式来抵消他们对于客居地的陌生感和自身的弱小感。从犹太文化的深层角度来看，犹太人悠久的历史传统和鲜明的宗教思想，特别是他们在历史上所经历的种种悲惨遭遇，都使得犹太民族文化心理深处有一种保护和延续其民族文化生命的强烈的责任感和主观意愿。在一定程度上，隔都可以被视作在异质文化领域中犹太人的“文化飞地”，起到了“文化栅栏”的作用，成为了犹太人在异质文化中保护其文化传统的有力工具。①

（二）宗教生活与民族性

对于一个民族而言，稳固的地理疆域往往是其生存和繁衍的一个关键的要素，也是构筑其民族认同感的重要元素。但是对犹太人而言，他们失去了物理上的疆域，而只存有“应许之地”这样的文化概念。犹太人在长期的流散历程中，仍能以民族共同体的形式顽强地生存下来，并创造了流而不散的历史文化奇迹，这在很大程度应该归功于犹太教的力量。在人类历史发展的早期阶段，宗教与文化二者是相互交融、相互依存的。可以说，原始文化包含着原始宗教，原始宗教又是原始文化的载体与表现。在犹太研究领域，学者们普遍将宗教性视为犹太文化的永恒维度和基本内核。犹太文化历来就是一种宗教性极强的文化，犹太民族的“元典”文化就是一部完全意义上的宗教学说形成史。犹太文化最显著的特征是用宗教观念来解释社会文化现象，反之再以社会文化现象来论证宗教。随着社会的不断进步，宗教才逐渐从文化整体中分离出来，成为一种独立存在的文化形态。

① 参见刘洪一 . 犹太文化要义［M］. 北京：商务印书馆，2004：66-68.

自近代以来，宗教与文化的关系历来是神学家们和思想家们所共同关注的话题。神学家们认为，宗教是各种文化形式的源泉与主宰，文化不能独立存在，只能依附于宗教；启蒙思想家们则走向了另一个极端，他们主张让文化脱离宗教而获得独立，正如让人性从神灵那里回归于人类自身一样。只是在具有现代意义的宗教人类学研究逐渐兴起之后，人们对这一问题的观点更趋于理性：一方面，要客观认识宗教自身所具有的多重性文化功能；另一方面，要充分肯定宗教与文化之间的兼容性与依存性。一些宗教徒认为，那些戒律和规范，往往也是作为一些道德行为规范而存在的。从思想层面和精神层面上来说，人们的价值观念总是来源于其自身所确立的理想。这些戒律和规范之所以能够渗入到意识深处，成为其笃信不疑的人生信条，恰恰就是因为宗教理想在起支撑作用。①

“会堂－社区”模式强化了美国犹太人的团结性和纪律性，激发了他们的传统意识以及亲族之感，使得各地小规模的犹太人群更有可能一代又一代地幸存下来。在“会堂－社区”所赞成的价值中，隐现的主要是传统和顺从。然而真正使殖民地犹太会堂－社区得以维持的，是一种共有的维持犹太教及其核心价值的意识。“以色列余民”的会堂－社区结构的影响范围进一步扩大，瓦纳萨、查尔斯顿、费城和纽波特等地有组织的犹太社区也以此为模型来加以建设。所有这些社区都出现于城市居民混杂的港口城市，因为这里人口流动性强，甚至可以说遍地都是外来者，因此犹太人在这里更容易获得平等的经济机会和宗教自由。相对于殖民地美国犹太人礼仪生活的多样性而言，至少还有两个基本原则继续联结着他们，那就是对犹太民族的忠诚和对独一上帝的信仰。民族性是把一个犹太人同另一个犹太人联系起来的血亲之感，使他们有义务帮助世界各地的犹太人，并且把他们与其他任何人区别开来。犹太民族的纽带在本质上是部族的，扎根于信仰、历史和血缘的纽带。信仰超自然的上帝，没有耶稣，也没有圣灵，则是殖民地犹太生活的另一个基本原则。②

（三）美国社会与多元化

美国社会环境多元化的特征也在潜移默化地影响着犹太人，尤其是导

---

① 张倩红，艾仁贵．犹太文化［M］．北京：人民出版社，2013：15.

② 参见［美］乔纳森·D.萨纳著，胡浩译.美国犹太教史［M］.郑州：大象出版社，2009：11-22.

致了犹太人在价值理念方面的多元化发展。在殖民地美国主要城市发展起来的会堂－社区，预示着18世纪美国犹太生活逐渐被划分为犹太和世俗两大领域。这种区分对于中世纪犹太人以及那个时代大多数欧洲犹太人来说是陌生的，但却是美国犹太教自一开始就具有的特征。与阿姆斯特丹、伦敦和累西腓的犹太会堂不同，殖民地会堂－社区并不压制商业交易，也不审查犹太人与外界的通信和联系，更不会惩罚其成员的个人及商业道德过失。相反，他们将会堂的活动加以限定，只以缴纳罚金和剥夺宗教权利的方式对一些宗教偏执的会员施以纪律惩罚，而将商业和民事纠纷等交给市政当局去处理。

美国犹太教适应了美国宗教生活的多元化特征并为这种特征作出了自己的贡献，这在像纽约、纽波特和费城之类的大城市能够得到印证。而对于美国之外的许多犹太社团而言，犹太教仍然被视为异端，处于被孤立的被动处境。美国犹太教徒同胡格诺派教徒、教友会信徒和浸礼会信徒等一样，在宗教信仰方面获得了同等的自由。从一开始，殖民地领导人明确地将北美的犹太经济和宗教权利同其他少数民族信仰联系在一起，后来犹太人又以其他方式寻求平等。实际上，犹太人用来定义他们社区的“术语”受到了美国宗教多元主义的影响。如果说早先按照塞法迪传统，他们是犹太或葡萄牙“族裔”，那么到了美国革命前夕，他们都以对应的基督教宗教社团，如教友会社团为范例，将自己说成是某个“宗教社团”的成员。1774年，当伊齐基尔·利维受雇于费城担任礼定屠宰员、领诵人和教师时，他在合同上说明他是该城“犹太社团”的成员，而不是像先前说明的“犹太族裔”的成员。后来在1783年，当纽约犹太人写了一封正式的欢迎信欢迎州长乔治·克林顿时，他们仍使用了相同的术语。

伴随着犹太人口的逐渐增多，美国犹太教日益走向多样化。1790年，美国人口调查记录了出生于英国、法国、德国、荷兰、波兰、葡萄牙、西印度群岛以及美洲殖民地的犹太人口，结果反映了后殖民地时代犹太社区人口的混杂性特征。塞法迪犹太教形势上占据统治地位，因为它一直存在于北美，但事实上阿什肯纳兹和混合背景的犹太人在殖民地犹太人中占据优势。“纯种”的塞法迪人渐渐成为消失的种群。会堂－社区起到了熔炉的作用，它以自身的多样性回应了众多殖民地城市的多样性。这种多样性也被带入了会堂生活之中，尽管作为美国犹太教会堂“母亲会堂”的“以色列余民”会堂仍然向其更多的分支机构提供支持和帮助，但是它再也不能对它们行使真正的权威了。

如若说在殖民地时期，犹太教所代表的是修正早期犹太教形式、适应新的环境，那么美国大革命以及随之而来的社会变革则重铸了犹太教。美国犹太教受到了美国民主思想和新教主义的巨大影响。犹太人最终获得了宗教自由和平等地位，过去曾经将犹太人团结在一起并且增强了犹太群体生存能力的会堂－社区结构受到了新的政治和文化的冲击。美国的犹太人和基督徒面临着相同的境况，美国的价值观和传统的宗教价值观之间发生了碰撞并产生了巨大张力，由此出现了一个“美国历史上前所未有的宗教骚动、混乱和创新的时代”。[①]

二、第二次移民潮与犹太社团价值分化

19 世纪初到 19 世纪 80 年代，是犹太人定居美国的第二阶段。这一时期，美国犹太社团内部出现了价值分化的趋势，主要缘于犹太教内部的改革与教派的分立，移民文化背景差异所带来的社团复杂化、甚至分裂化的走向。

（一）犹太教自身改革与教派分立

美国大革命之后的时代里，民主和自由的价值观对原有的宗教权威性发起了挑战。美国犹太历史学家雅各布·瑞德·马库斯对当时美国犹太人的生存图景总结道：“几乎有多少个犹太人，就有多少种犹太教”。由于人们对自由的推崇，导致个人自由与宗教礼仪之间产生了一定的张力，原来被宗教教义支配的个人生活，现在由个人掌握了主宰的权利。不只犹太教如此，这个时代的美国宗教历史中，出现了很多我们所熟知的主题，例如：复兴主义、挑战权威、组织形式更新、反精英主义和激进的民主化。1820 年，犹太教发生了一场革命，会堂－社区的权威被推翻，美国犹太教的形式从此改变。此后，一种富于多样性和多元化犹太教出现了。美国犹太人第一次可以从众多的会堂中进行选择。到了 1840 年前后，美国犹太社区的结构在组织上显示出犹太民族是一个整体的联邦制类型，并在同一性和多

① 参见［美］乔纳森·D.萨纳著，胡浩译.美国犹太教史［M］.郑州：大象出版社，2009. 19–38.

样性之间谨慎地追求平衡。[①]尤其是在德国接受训练的、能言善辩的，且在意识形态上充满热情的拉比的到来，更加激化了美国犹太社团内部的斗争。[②]这些拉比定义了美国犹太教生活进化的谱系，从狂热的正统派延伸到激进的改革派。[③]结果，19 世纪中期美国犹太人的宗教生活呈现出相当程度的不确定性、不延续性和流动性。犹太教不是沿着一种固定的路径前进，通过古老的律法和传统来谨慎地调整犹太宗教生活，而是延伸出了多个十字路口、多条小径、多个选择，也面临着数不清的问题[④]。

在美国，纽约和查尔斯顿提出的复兴美国犹太教的战略是不同的。纽约人受到当代复兴主义思潮的影响，在犹太律法的框架中进行改革，强调教育及犹太宗教生活在组织和审美情趣方面的变革。而查尔斯顿的犹太人受到“一位论”的影响，强调为了把犹太人重新带入会堂，犹太教本身必须进行改革。前者勾画了现代正统派犹太教的轮廓，而后者则勾画了改革派犹太教的轮廓。两者都明确地拒绝了“古老”的塞法迪公会的传统主义战略。但问题不仅是策略方面的，这两种分离都挑战了会堂－社区的权威，它们坚持认为国家赋予他们权利，按照他们看来适当的方式退出或遵从某种礼拜仪式。纵观 19 世纪前几十年的整个美国，信奉新教的美国人正在抛弃他们生长其中的“古老的”宗派，而转向在他们看来更民主、更令人鼓舞、更真实的教派。例如，他们退出了公理会、长老会和主教教会而转入卫理公会派、浸信会和那些救世主信徒所组成的教会。而犹太人也遵循相同的模式。自此之后，在较大的犹太社区里，宗教异议者不再因为舆论而在坚持的原则方面寻求妥协。相反，他们可以自由地退出原先的会堂而创立自己的会堂。在纽约，1825 年有 2 座会堂，1835 年有 4 座，1845 年有 10 座，而在 1855 年已超过 20 座。到内战爆发时，每一个主要的美国犹太社区至少有 2 座会堂，而在费城、巴尔的摩和辛辛那提的一些规模更大的犹太社区，甚至平均每个社区有 4 座或者更多犹太会堂。在自由和民主的美国社会，会堂或教堂的自治在很大程度上成为犹太教和新教的准则。事实上，新会堂的出现大多是通过这种分裂过程的复制来实现的，这样的分

---

① ［美］乔纳森·D.萨纳著，胡浩译.美国犹太教史［M］.郑州：大象出版社，2009：52.
② 同上书：78.
③ 同上书：80.
④ 同上书：86.

裂创造出“耶书仑之子”和改革的以色列人社团，这些都对日后美国犹太教的发展产生了深远的影响。更为重要的是，一种新的美国犹太教已经出现了，并呈现出鲜明的多样性与多元化特征。

（二）犹太社团内部构成的复杂化

1815年拿破仑战争结束后，犹太移民再次从欧洲涌入美国。这一时期的移民以阿兹肯纳兹[①]犹太人为主。随着犹太启蒙改革运动在欧洲大陆的衰落，以及19世纪上半叶欧洲反犹浪潮的再起，许多犹太人背井离乡，来到新大陆求得生计。著名诗人海因里希·海涅等人曾呼吁美国担负起责任，成为那些热爱自由、渴望逃离欧洲压迫的人们的避风港。德国犹太教改革派领导人也致信美国犹太领袖，倡导欧洲犹太人移居美国，这掀起了犹太人移居美国的新一轮浪潮[②]。这次移民潮在1848年后达到了高潮，并一直延续到19世纪80年代。

这次移民浪潮大大充实了美国犹太社团的力量，但也使社团的构成越发复杂。这些来自欧洲不同地区的犹太移民在新世界寻求创造与他们经常忆及的古老家园相同的宗教礼仪和风俗。在欧洲，每个地方性或区域性的犹太社区都猜忌性地防卫着自己的传统，并将之视为独特的宗教身份的体现，他们还将高度的宗教圣洁意识灌输到特殊的宗教礼仪和风俗之中。通过在美国重建这些宗教礼仪，移民们都在强调自己对家乡风俗的忠诚，并且试图在一个变化的海洋里创造一个自己所熟悉的岛屿。

相比于早期移民的塞法迪犹太人，来自德国的犹太移民更好地适应了美国的生活环境，也更快地进入了美国的主流社会，在经济、文化等领域都取得了令人瞩目的成就。刚刚来到美国时，由于缺乏经济基础和社会根基，这些人主要从事着小商贩或小作坊的工作。但是随着资本和经验的累积，他们逐渐开始经营规模较大的商店或工厂，在美国的商业和制造业领域占据着举足轻重的地位，尤其是在美国的成衣制造、连锁百货等领域扮演了不可替代的角色。犹太人不仅在商业领域大展身手，在新型的金融领域也成绩斐然。1872年，纽约证券交易所仅有一千名左右的交易员，其中犹太人就占据了六十余位。此外，犹太人在政治和文化领域也逐渐崭露头

---

① 阿什肯纳兹为Ashkenazi的音译，原指欧洲犹太人，后主要指中欧、东欧和俄国的犹太人.

② 潘光.美国犹太人的成功与犹太文化特征［J］.美国研究，1999（3）.

角。在西进运动中，美国犹太人也从东部迁徙到西部，犹太社区在西部的新兴城市纷纷出现。到1880年，美国犹太人已达到25万人，美国犹太社团的内部构成进一步复杂化。

（三）美国内战中犹太社团分裂化

除去犹太移民之间宗教和文化的差异之外，内战对犹太社团价值认同的影响也不容忽视。内战不仅使美国从一个整体开始走向分裂，同时也造成了美国犹太社团的分裂，尤其是价值认同的撕裂。在内战中，大约有8000-10000名犹太人参与了战争，其中至少有50人晋升为军官。而且在一定程度上由于战争的因素，美国犹太人的财富和权力得以增长。但是在奴隶制问题上，犹太社区并没有形成统一的意见。美国和外国反奴隶制协会曾经宣称："犹太人多年以来成为如此之多的可鄙偏见和不公正压迫的对象，对比其他任何宗教派别都要多，实际上，它本应成为社会等级制的敌人和普遍自由的朋友。"然而，由于当时没有任何明晰的反对奴隶制的宗教禁令，许多犹太人就简单地遵从他们邻居的做法，而不论这样做是善的还是恶的。在像查尔斯顿这样的城市，许多白种人拥有奴隶，许多犹太人也拥有奴隶，甚至连许多自由的黑人也拥有奴隶。因此，在内战中犹太人也因被纳入了对立的双方而战斗。但是，不管犹太人对他们的同胞所取得的军事和民间成就感到怎样的骄傲，这些往往为犹太人之间宗派分裂所带来的悲伤、愤怒和困惑所抵消，特别当它促使犹太人反对犹太人、犹太家庭成员反对彼此的时候。[①]那个时代，宗教忠诚、宗派忠诚、家庭忠诚之间时常处于一种互相冲突且异常紧张的关系之中。

这些犹太移民生活在一个个人主义至上的社会，这个社会没有给予任何宗教群体生活以官方的认可，犹太教在犹太人当中的权威地位也遭到了极大的冲击。他们必须找到各种不同的宗教流派、立场和分歧之间相互交流与合作的方式。其时犹太教面临的问题就是"在何种情况下为了统一性而妥协，又在何种情况下为了原则而坚守"[②]。然而对美国犹太人而言，以宗教为内核的犹太文化正处于剧烈变革的历史转型期。美国犹太教的改革致使犹太教原有的一统性主导权逐渐丧失，暂时没有形成新的具备替代性

① 参见［美］乔纳森·D.萨纳著，胡浩译.美国犹太教史［M］.郑州：大象出版社，2009：97-106.

② 同上书：317.

的文化要素。美国犹太人在不同宗教运动之间，不同背景和意识形态之间，在父系犹太人和母系犹太人之间都存在着分歧。一些观察者敏感地觉察着犹太生活中难以克服的分裂趋向，“一种灾难性的分裂”“犹太人的分歧日益增大”“一个分裂的民族”[①] 等等评价不绝于耳。

三、第三次移民潮与犹太族群价值整合

从 19 世纪 80 年代起到第二次世界大战前夕，美国出现了历史上规模最大的犹太移民潮。伴随着大量移民的到来，美国犹太社团内部结构进一步复杂化，来自不同地区的移民力量也出现了结构性的转变。在反犹势力的外部压力和融入美国的内在激励作用之下，犹太人竭力在宗教信仰、经济抱负和对未来生活的愿景之间求得平衡，努力寻求犹太社团内部的价值整合。

（一）反犹主义的凝聚作用

1881–1914 年间，大约有 200 万来自俄国、罗马尼亚和奥地利 – 匈牙利（主要是加里西亚地区）的东欧犹太人在美国海岸登陆，这次移民潮是重新改变世界犹太人口分布的划时代的重要一波。当时，有 3500 万不同信仰和国籍的人穿越国境线向外移民，其中 2200 万新移民来到美国。对于犹太人来说，反犹主义的暴力袭击促使他们做出决定——到新世界进行生命和财富冒险，但大规模的移民有着更深层次的原因，即人口过剩、压迫性立法、经济混乱、强制征兵、不幸和穷困、极端的绝望，加上传说中美国存在的惊人机遇，以及定期在大西洋航行的汽船公司能提供折扣船票等因素。这一次，犹太移民的比例又大大高于非犹太移民，这也反映出他们在原先生活的国家受到的压迫特别严重。例如，离开俄国前往美国的犹太人很可能是离开波兰、立陶宛和芬兰犹太人的三倍。尽管犹太人自殖民地时代已经开始陆续移民到美国，但是过去的移民规模远不及 19 世纪末这次。当时，俄国沙皇亚历山大二世被刺遇难，有传闻说刺客中有犹太人，于是反犹主义浪潮迅速席卷了俄国。彼时，俄国的几百个犹太社区、上万个犹太家庭、千百万的犹太人遭到了残忍的袭击。沙皇俄国还颁布法令，禁止犹太人在经济繁荣地区居住，严格限制他们的经济活动，通过配额限制他

① ［美］乔纳森 · D.萨纳著，胡浩译. 美国犹太教史［M］. 郑州：大象出版社，2009：316.

们进入中学和大学的能力。大批的犹太人不得不告别昔日的生活，回到集中居住的犹太隔都中。1891 年，犹太人被集体驱逐出莫斯科。这使得犹太人彻底失去了在俄国继续生存和发展的希望。

在这一事件的影响下，反犹主义狂潮席卷了俄罗斯和东欧。因此俄罗斯和东欧犹太人纷纷逃亡到美国，并聚集在大城市里。[①] 然而，到达美国后的犹太人仍然面临着反犹主义的伤害。随着美国犹太移民的增多，美国犹太社团不断壮大，并且在一定程度上实现了经济水平的提升和社会地位的提高，这使得一部分白人新教中产阶级群体颇为不满。他们在竞争中感受到了犹太人的威胁，并且试图抑制犹太社团的发展态势。除此之外，这些白人中产阶级还接受了俄国革命后在欧洲出现的将反犹与反共相结合的理论，更加仇视犹太移民。总之，种种因素引发了美国的第一次反犹浪潮，及一系列臭名昭著的历史事件。1924 年颁布的移民配额法规定，每年从俄国、罗马尼亚、波兰移民而来的犹太人不得超过 8600 人次。1929 年爆发的经济危机又给了反犹势力一次机会，他们借此机会竭尽全力将经济危机的矛盾和责任全部转嫁到犹太人身上。这一时期的反犹主义浪潮实际上增进了美国犹太社团的内部团结与价值整合，让他们在艰难的处境中共渡难关。

（二）融入美国的激励作用

移民之初，美国犹太人的生活非常艰苦，各类反犹主义言论和行为也层出不穷。但尽管这样，美国相较于欧洲大陆而言，依旧为犹太人提供了相对平等和宽容的环境。面对着这样的社会环境，大批的犹太人急于摆脱传统的重负，与美国文化相融合。犹太社会在世俗化、美国化的道路上走得很快、很远。当时，所有的犹太领袖，无论是来自德国还是俄国，都鼓励移民们采取新大陆的生活方式，用雅各·希夫的话来说就是“做一个美国人，无论是在家里还是在大街上”。美国犹太教改革派奠基人怀斯也认为，犹太人必须成为美国人，这样才可获得天性自由的人类那引以为傲的自我意识。他指出，犹太教只有在美国这样的民主国度才会繁荣兴旺，当然，美国也需要像犹太教这样的体现了普遍性、理性、自由、人道原则的

---

① 唐立新. 多元文化背景下的美国犹太民族的生存发展之道［J］. 深圳大学学报（人文社会科学版），2008（7）.

宗教。在犹太思想家和老移民的影响下，犹太人从多个方面努力融入到美国的主流社会当中。

在经济方面，这些移民进入到美国后，努力寻找报酬丰厚的工作，来为自己赢得一种体面的生活。来自俄国、东欧的犹太人与之前移民而来的塞法迪犹太人和德国犹太人不同，他们本身一贫如洗，并且对美国社会一无所知。这些语言不通的犹太移民最初移居到美国后都要依靠犹太组织和慈善团体所提供的帮助生活。移民到美国后，他们的生活方式没有新的改变，而是仍像在俄国和东欧时一样聚居。当时在美国中部和东部的许多大城市里出现了犹太聚居区，其中规模最大的犹太聚居区是纽约市的下东区。由于缺乏在新大陆生存的经验和资源，那些生活在最底层的犹太人无法找到适合自己的工作，只能从事小本经营或是体力工人的工作，还有一些稍有些家产的犹太人进入到工业制造领域，从事服饰加工、烟草生产、皮革加工等行业。伴随着美国资本主义经济的迅猛发展，犹太移民也加入到了美国经济社会建设的大军当中。在教育方面，大量的移民后代进入公立学校接受教育，他们开始被纳入主流社会，接受主流文化的熏陶。第一代俄国东欧犹太移民文化程度很低，但是他们非常重视对子女的教育，同时获得了很好的成效。受过良好教育的犹太移民后裔逐渐成为各行各业的精英人士，尤其是在金融、商业、新闻、法律、娱乐等行业取得了引人注目的成就，且逐渐形成了富有特色的犹太人白领精英集团，不断进行着行业内部的再生产，使得犹太人的竞争力不断提升。在宗教文化方面，这一时期美国犹太教中所有主要的运动和意识形态都坚持认为美国主义和犹太教之间能够彼此强化对方，犹太人要努力打破基督教化的美国文化边界，使自己能够更加受欢迎。整体而言，美国犹太社团在这次移民潮中实现了人口数量和质量上的提升，犹太人不仅在新大陆“落地”，同时也通过方方面面的努力而在这里“生根”，而后不断成长壮大。

（三）民族特性的统合作用

美国学者戈登认为，人类的族群意识是相当顽强的，这种意识会使人们把自己的个体身份融入到共享历史记忆的团体身份当中。戈登还指出，族群性的碎片化导致了群体意识出现了彼此竞争的多种模式。对美国人而言，这些相互竞争的族群性模式（models of ethnicity）包括民族国家自身、种族、宗教以及祖籍或民族背景，人们可以从中做出选择，也可以加以整合。他用一个同心圆的模型（如下图）模拟了人的人格和自我认同从核心向外围扩展的状态。①

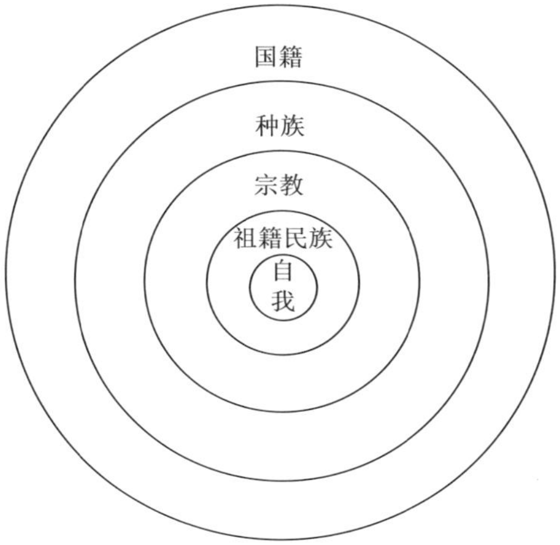

图 2–1

在美国多元的文化氛围中，犹太人民族特性的发挥对于其价值整合的作用就显得尤为关键。当时的移民同乡会（Landsmanshaftn）被视为一种成功的组织机制。移民同乡会把来自同一个城镇的犹太移民聚集起来，淡化彼此之间的政治、文化和宗教差别，而是强调共同的种族和信仰。移民同乡会把那些具有同一古老世界根源和记忆的犹太人联合在一块屋顶之下。作为文化协调者，他们帮助犹太人完成从旧世界到新世界的艰难转变，积极为移民提供各项社区服务。许多同乡会使用诸如“独立”和“进步”等名称来强调他们的承诺和抱负。移民同乡会关注犹太人的民族性，而非宗教性。他们强调族群和社群纽带——特别是彼此之间的相互帮助和支持——并将其作为犹太统一性的基础。这一时期，犹太人分享着共同的经验和价值，即无论在何地，在涉及犹太同胞共同福祉的问题上表现出一种相互关联的大家庭的意识。②就这样，美国犹太生活自殖民地时代以来的多

① ［美］米尔顿·M.戈登著.马戎译.美国生活中的同化［M］.南京：译林出版社，2015：21–23.

② 参见［美］乔纳森·D.萨纳著，胡浩译.美国犹太教史［M］.郑州：大象出版社，2009：141–142.

样性的特征被犹太人共有的属性所调和，这种调和将犹太移民联结在一起。犹太人语言、文化和族群的纽带和共同的记忆，还有犹太历法、节日以及生命周期性的礼仪共同塑造了作为整体的美国犹太社团。

四、第四次移民潮与犹太复国主义崛起

20 世纪 30 年代到第二次世界大战结束，犹太人移民美国的第四次浪潮出现了。1933 年，伴随着希特勒在德国的掌权，反犹主义的狂潮逐渐席卷了欧洲。从 1933 年到 1945 年间，约有 20 多万犹太难民进入美国。受到纳粹反犹思潮的影响，美国又出现了第二次反犹浪潮。1941 年，美国采取相应措施，进一步对犹太难民入境加以限制，这对于那些正在死亡线上挣扎着的犹太人们来说基本上等同于关闭了求生的大门。受反犹势力影响所产生的一系列错误政策和措施遭到了美国犹太社团、各界正义人士及全世界反法西斯力量的强烈谴责。1941 年 12 月，珍珠港事件爆发，自此美国宣布参战，与此同时纳粹大屠杀的罪行不断被披露出来，世人对犹太人的同情情绪日趋强烈。最终，反犹势力遭到了绝大多数美国人的唾弃与批判，在强大的社会舆论压力下急剧削弱萎缩，在战争后期基本趋于销声匿迹。[①]

（一）锡安主义的崛起

作为对大屠杀的回应，大批美国犹太人将希望寄托于锡安主义（Zionism，本书在语义上将“锡安主义”与“复国主义”混同使用）试图建立一个真正能够接纳犹太人，并保障犹太人人身权利的犹太国家。当时，世界锡安主义运动的中心逐渐转向了美国，这出于两个方面的原因。从美国社会内部来看，是因为欧洲犹太人的悲惨遭遇得到了美国社会尤其是美国犹太社团的深切同情，因而支持锡安主义的情绪空前高涨；从外部环境来看，主要是欧洲的反犹势力大大削弱了欧洲犹太社团的力量，许多锡安主义领导者和积极分子流亡到了美国本土，壮大了美国犹太社团的力量。1943 年 9 月 1 日召开了美国犹太会议，大会以压倒性的票数通过了重建犹太共和国的提案。这一提案的通过给犹太人带来了希望的曙光，引发了轰轰烈烈的游行活动，人们狂热地唱着锡安主义的颂歌（Hatikvah——希望之歌）。改革派、保守派、正统派犹太人乃至世俗主义者都在锡安主义中

① 潘光 . 美国犹太人的成功与犹太文化特征［J］. 美国研究，1999（3）.

找到了联结他们的信仰。1948 年 5 月 14 日，本·古里安在特拉维夫博物馆宣读了《独立宣言》，正式宣告了以色列国的成立。此后，尽管美国犹太人对以色列的态度存在着种种变迁，但是这两个世界上最大的犹太社团一直进行着密切的交往和互动，美国犹太文化也对以色列的社会文化产生了深远的影响。

犹太锡安主义从本质上来看是一种具有现代性的意识形态系统，锡安主义对现代社会的设计融合了西方资本主义国家的制度和文化，同时也融入了犹太民族和文化的特色，锡安主义以犹太教传统的弥赛亚观念为立足点，并对世俗主义、集体主义和自由精神都给予了充分的关注。因此可以说，锡安主义的崛起为当时处于分裂和困顿状态的犹太社团提供了新的价值认同，既保留了传统犹太教的精神感召力，同时也迎合了现代化和世俗化的时代潮流，并在观念的整合过程中实现了二者的兼容。对于美国犹太社团而言，锡安主义所蕴含的价值理想也进一步催生了美国犹太人的价值认同演进，甚至在一定意义上代表了整个世俗犹太文化的最高水平和最新形态。[①] 这种意识形态理想，将美国犹太社团的力量有效地整合起来，让犹太人能够共同为了犹太民族和犹太家园的复兴贡献力量，不但直接推动了以色列建国的进程，同时也为日后全世界犹太社团的发展奠定了重要的基础。

（二）犹太教的复兴

20 世纪 40 年代到 60 年代被称为美国犹太人的“黄金年代”，美国犹太生活呈现出前所未有的复兴之景。面对世界范围内反犹主义试图玷污和诋毁犹太教的言行，美国大量有影响力的基督徒和犹太人共同捍卫犹太教的尊严，把犹太教从美国宗教生活的边缘推到了中心的位置[②]。“犹太－基督”这样的说法成为了标准的自由主义术语，表明了一种建立于宗教共识基础上的西方价值观念。这种“犹太－基督”的形象，象征着战后美国宗教的一种信仰融合（interfaith）的模式获得了根基。到了 1952 年，“好的美国人理应是好的犹太－基督徒”的观念已经成为了新的国家信条。在战后最初的几十年里，犹太人社会行动的主要目标在于促进一个更大的犹太

① 参见张倩红，艾仁贵．犹太文化［M］．北京：人民出版社，2013：243-247.

② ［美］乔纳森·D.萨纳著，胡浩译.美国犹太教史［M］.郑州：大象出版社，2009：228.

世界的形成，并期待这样的犹太环境能够在美国犹太宗教生活中发挥重要的作用。伴随着 1967 年的“六日战争”以及随后由反文化潮流所刺激的犹太宗教复兴和社会动荡，“犹太更新”“犹太存续”“犹太复兴”等主题日益走到了犹太生活的前列。像美国许多其他宗教一样，犹太教也重新评价了外部的环境以及自身的使命，“复兴”成了一个长盛不衰的话题。

事实上，自 20 世纪 30 年代末以来，美国犹太教一直在获得力量，这在一定程度上是对纳粹和反犹主义进行精神抵抗的一种形式。随着战争的结束，美国国家作为一个整体正日益转向宗教。有人认为，这是对战时恐怖和“二战”后“无神论”的共产主义威胁的回应。“我们这个时代出现的最重要的一种趋势是知识分子转向宗教，还有人日益不满那些出现在很多领域中的声称要掌握文化领导权的世俗态度和观点”，左翼的《党派评论》（Partisan Review）在 1950 年这样报告说。它预计，“如果现在的趋势继续下去，本世纪中叶的年代会在历史中沦为皈依和回归信仰的年代”。1954 年，国会在效忠宣誓中加上了“在上帝的庇护下”这几个词，而 1956 年又改为“在我们信赖的上帝庇护下”，这些话自内战以来人们在钱币上就可以看到，是一种正式的国家箴言。“宗教从来没有像现在这样组织严密，表现如此显著、如此公开”，记者克莱尔·考克斯（Claire Cox）在 1961 年的一本描写自“二战”以来在美国形成的“新时代宗教”的书中这样写道，“去教堂从来没有这样容易让人接受，要做的事情是那么多”。

犹太教在这种鲜明的“新时代宗教”中扮演着一个引人注目的角色。随着战后几十年里反犹主义的沉寂，美国犹太人的宗教作为与新教和天主教并立的美国“第三大信仰”获得越来越广泛的认可。随着美国人了解“我们时代这种未知宗教”欲望的增强，所有公众对犹太教的兴趣也日渐浓厚。在战后繁荣的刺激下，犹太教通过建立会堂和宗教学校、发展新的社区机构等方式在机制上强化了自身，尽管犹太人变得更加虔诚或者仅仅是归属会堂的比例更高了一些还是人们长期争论的话题。不管情况怎样，宗教的确成为犹太身份认同的主要方式，而世俗犹太教作为一种意识形态在很大程度上走向崩溃了。犹太教开始适应新的环境，陪伴犹太教人走向市郊，走向诸如迈阿密和洛杉矶这样的阳光地带城市。“大屠杀时代”的移民在这些年开始影响美国犹太教，这看起来并不显眼但意义却非常重大。他们的记忆、许诺和对那些没有幸存下来的犹太人的集体责任意识为美国犹太教的发展奠定了基础，而这些发展将在今后几十年里改变美国犹太教各派，特别是正统派。在这些转变之中，犹太教作为一种被公众接受的美国信仰的地位，通过1955年的一部名为《新教徒、天主教徒和犹太人》的畅销书赢得了显著的认可，这很值得纪念。

（三）犹太文化中心的转移

欧洲曾经代表着世界犹太人的人口和文化中心，但是“二战”后这个中心转向了美国。随着欧洲犹太社团的毁灭和大量犹太人口向美国迁移，战后美国犹太人口已达550万之多，几乎占当时世界犹太人口总数的五分之二；伴随人口中心转移而来的是社会文化中心的转移，美国快速取代欧洲成为新的犹太文化中心。对此，美国犹太人有着强烈的责任感和荣耀感，正如著名美国犹太史学家雅各·瑞德·马库斯（Jacob Rader Marcus）在1941年所预言的那样：“重担只有靠我们（美国犹太人）来担当了，犹太文化、犹太文明、犹太领导权正迅速地转向美国的这些海岸。”①

历史学家奥斯卡和玛丽·汉德森在1949年出版的《美国犹太年鉴》中宣告：“第二次世界大战中发生的大事件使美国成为世界犹太教的中心，在回答关系到世界各地犹太人未来的重要问题方面，作为美利坚共和国公民的500万犹太人的态度和立场将起到决定性的作用。”②“二战”结束之后，美国没有出现大批的犹太移民潮。一方面是因为战后欧洲和世界各地并没有爆发大规模的反犹浪潮，另一方面是以色列国的建立使犹太人又有了新的安身立命之所。“二战”之后，美国的反犹主义势力再没有掀起过20世纪二三十年代那种浪潮，这既是纳粹大屠杀罪行带给人们的理智和反思，也是犹太人在美国的实力与地位不断提高的体现。战后，美国犹太社团积极参与到国际事务和政治生活当中。在20世纪50年代到60年代期间，世界和平、民权和信仰之间的关系以及反对越南战争等成为美国犹太人关注的主题，接下来的几十年也见证了人们对特殊犹太问题的更多关注。到了20世纪末，美国犹太人的意识形态取向开始从普遍主义转向了特殊主义和个人主义，美国犹太人的价值认同张力愈发凸显。

---

① 转引自张倩红，艾仁贵．犹太文化［M］．北京：人民出版社，2013：251.

② 转引自［美］乔纳森·D. 萨纳著，胡浩译．美国犹太教史［M］．郑州：大象出版社，2009：234.

第三章

美国犹太人价值认同的现代张力

"张力"最早是物理学领域的专业名词，其本义指物体受到拉力后，其内部产生的一种牵引力。此后，"张力"的概念被不断加以发挥和引申，现已成为众多学科的学术研究工具和学术话语。在文艺批评领域，最早提出"张力"的是美国理论家艾伦·退特，他说："我提出张力（Tension）这个名词。我不是把它当作一般的比喻来使用这个名词的，而是作为一个特定名词，是把逻辑术语的外延（Extension）和内涵（Intension）去掉前缀而形成的。我所说的诗的意义就是指它的张力，即我们在诗中所能发现的全部外展和内包的有机整体。"[①] 国内学者又以辩证法为根基探究了"张力"的内在实质，认为张力是一种特殊的辩证关系，对张力的理解应该破除"非此即彼"的传统思维方式，代之以"亦此亦彼"的现代思维方式，发觉出张力的两极之间所蕴涵着的具有丰富创造潜力的"两极间域"。[②] 基于以上理解，本书将"张力"作为研究美国犹太人价值认同的基本分析范式，从美国犹太人的历史张力、信仰张力和身份张力这三个方面对其价值认同问题展开深度剖析。需要指出的是，尽管本书在研究和撰写过程中将三重张力加以分解，然而对于现实的美国犹太人而言，这三重张力实际上是相互交缠、一体多面的。

① ［美］艾伦·退特. 论诗的张力. 赵毅衡主编."新批评"文集［C］. 北京：中国社会科学出版社，1988. 117. 转引自：王洪波．"张力"：文学、哲学本身及二元关系［J］. 兰州学刊，2016（02）：96-102.

② 金健人．论文学的艺术张力［J］. 文艺理论研究，2001（03）：38-44.

一、历史张力：传统与现代的纠葛

犹太人价值认同的历史张力实际上由来已久。自18世纪犹太启蒙运动以来，传统与现代的关系问题一直是犹太文化和犹太生活的核心命题。犹太启蒙运动兴起于欧洲大陆，随着散居欧洲各地的不同文化背景的犹太人移民到美洲大陆，传统与现代的张力越来越呈现出复杂的面貌。

（一）犹太文化对传统的现代扬弃

我们探讨美国犹太文化的现代扬弃，需要将其置于犹太文化现代化的整体版图中加以考察。与美国文化的整体性特征相似，美国犹太文化也蕴藏着深刻的“移民”基因。甚至可以说，美国犹太文化在一定意义上是世界犹太文化版图的一个缩影。当我们把目光放在18世纪以来的犹太文化发展历程中，我们发现“现代化”毋庸置疑地成为最核心的关键词。现代化过程是在不同层面展开的，经济发展是物质的层面，政治发展是制度的层面，思想与行为模式则是社会的深度层面。[①]尽管这几个层面的现代化并不是孤立发生的，也几乎很难彼此剥离，但本书关注的焦点在于美国犹太人思想与文化层面的现代化。如果从社会学、文化人类学、心理学的角度考察现代化，那么现代化主要是一种心理态度、价值观和生活方式的改变过程。[②]而思想文化的现代化归根结底是人的现代化，是人的思想、观念、态度、意向通过改变和转型，而逐渐具备现代意识的过程。[③]如果从全球性的、历时性的角度来考察人类的文明发展进程，我们会发现，尽管文明处于持续不断的变迁过程当中，但是现代化为各大文明带来的挑战却是空前的甚至是颠覆性的。尤其是那些传统积淀浓厚、发展程度较为成熟的文明，它们的现代化进程往往充满了更多的艰难困顿，犹太文化就是一个典型的例证。

我们探讨犹太文化的现代化进程，需要将其置于欧洲启蒙运动的大背景下加以考察。18世纪被称为“理性的时代”“哲学的世纪”，从文艺复兴、宗教改革一路延承而来的人文主义精神得到了进一步的弘扬与升华，对理性、自由、人权的呼唤与讴歌成为那个时代的主旋律。对于犹太人来说，

---

① 罗荣渠．现代化新论［M］．北京：商务印书馆，2004：17.

② 同上书：15.

③ 张倩红，艾仁贵．犹太文化［M］．北京：人民出版社，2013：182.

这场革命性的思想解放运动猛烈地冲击了犹太人精神隔都的高墙，对他们的生活方式、思想意识、文化传统和价值观念都产生了无可逆转的影响。[①]一方面，现代性作为一种强大的力量宰制着犹太人的现实生活；另一方面，作为一种亚文化的犹太文化唯有保持其基于传统的文化内核才不至于被彻底同化。由此，传统与现代作为犹太人价值领域的一对基本矛盾，始终伴随着美国犹太人。

犹太文化在面临着传统与现代的历史张力时，首先要解决的实际上是对传统、现代及二者关系的合理解读。尽管我们从研究便利的角度概括出"传统"与"现代"这样两个抽象的概念，但是对于鲜活的犹太人和鲜活的犹太生活而言，二者并不是相互对立和极端排斥的，而是深度关联的。"在任何社会中都不存在纯粹的现代性和纯粹的传统性。相反，现代化过程是一个传统性不断削弱和现代性不断增强的过程。每个社会的传统性内部都有发展出现代性的可能，因此，现代化是传统的制度和价值观念在功能上对现代性的要求不断适应的过程。"[②]传统还有一种特殊的内涵，也就是围绕着人们所认同和传承的主题而形成的带有不同变体的时间链。传统的这种特性就表明了文化发展的不可割裂性。"一种宗教信仰、一种哲学思想、一种艺术风格、一种社会制度，在其代代相传的过程中既发生了种种变异，又保持了某些共同的主题，共同的渊源，相近的表现方式和出发点，从而它们的各种变体之间仍有一条共同的链锁联结其间。"[③]对于有着数千年的历史传统和精神积淀的犹太文化而言，实现现代化的首要任务之一就是要使传统的犹太观念依据现代社会变化的现实需要做出功能上的调整和适应。具体而言就是面对理性和科学的挑战，完成自身的宗教和文化模式的创造性转换。但是，这种转换不是抛弃传统的彻底的改头换面，而是对传统进行合理的现代扬弃。

总而言之，美国犹太人对现代性挑战的回应方式是结合现实生活需要，对传统进行扬弃。有犹太学者指出，"现代的国家、社会和经济不会允许传统的犹太生活继续存在下去。尤其是在美国，犹太人必须要沿着新的方向进行设计，创造出新的社区形式，寻找新的途径去发展犹太文明的各个

---

① 张倩红，艾仁贵. 犹太文化［M］. 北京：人民出版社，2013：153.

② 同上书：184.

③［美］爱德华·希尔斯著，傅铿等译. 论传统［M］，上海：上海人民出版社，1991：5.

不同的方面——语言和文学、“民俗”和宗教——直到完全成为更大社会的一个不可分割的部分。”① 以美国犹太教的改革派为例，该教派在19世纪末到20世纪末的一百多年间陆续发布了几份重要的纲领性文件，尽管对日常生活规范和具体的意识形态追求等方面的相关规定进行了结合实际的调整，但是始终没有触及犹太教的基本信仰和精神实质，甚至在不同的文件中对这些要素进行不断地重申和强化。1885年的《匹斯堡政纲》中申明：“我们确信，在此起彼伏的斗争和考验中，在迫不得已的孤立情况下，犹太教为人类保存并捍卫了上帝观念，并奉之为宗教的核心真理。”到了1999年，中央拉比大会仍然重申，“改革派犹太教的伟大贡献就是能够使犹太人民得以保留传统的同时进行革新，在确定共同性的同时包容多样性”，“肯定犹太教的核心信条，即上帝、托拉和以色列人”。犹太教正是在对传统的现代扬弃中实现了延续和发展。②

对比欧洲犹太启蒙运动当中，启蒙思想家们背弃民族文化和犹太教传统的惨痛教训，美国犹太人在处理传统与现代的关系时，至少在理念上实现了对前人的超越。然而，由于美国犹太移民背景的复杂性，美国犹太人在现代化的过程中往往是不均衡、不同步的，这在一定程度上扩大了美国犹太人价值认同的历史张力。

（二）犹太文化现代化的非均衡性

现代化过程被早已被思想家们定义为一系列的社会转变过程，即传统到现代的转变，闭合到开放的转变、神圣到世俗的转变、农业到工业的转变、特殊主义到普遍主义的转变等等。而在这一系列的转变过程中，精神境遇的转变似乎要比物质层面的转变更为艰难，因此人们不得不把现代化研究的聚焦点从器物、制度扩散到“精神”“心态”“风尚”等范畴。犹太思想作为一种传统积淀浓厚的文化模式，在实现现代化的过程中，人格因素及与之相关联的群体心理状态显得十分重要。③ 正因如此，犹太教重建派

---

① 阿诺德·艾森.开普兰的《犹太教》六十周年祭：重新评价［A］［美］摩迪凯·开普兰著，黄福武、张立改译.犹太教：一种文明［M］.济南：山东大学出版社，2002：3.

② 本部分内容参见傅有德.传统与现代之间：犹太教改革及其对中国文化建设的借鉴意义［J］.孔子研究，2005（5）.

③ 张倩红，艾仁贵.犹太文化［M］.北京：人民出版社，2013：265.

领袖摩迪凯·开普兰将现代性视为“犹太人也是犹太教的主要危机”[①]。

从 20 世纪末开始，美国犹太研究领域经历了巨大的变化。历史建构和叙述方式的主导假定受到了后现代的批判，这引发了史学家们对一贯采用的元叙事方式的方法论自觉。元叙事的前缀“元”所强调的那种包括万象的、支配一切的辩证思维受到了质疑。而现在，学者们倾向于推崇一种多元的叙事方式。这种崭新的、现代化的历史时期以人类文化方方面面的深远转型为标志。对于现代犹太人而言，这种历史意识可能要比其他人都更加清晰明了，因为犹太人进入到现代世界，是以同过去的激进、急剧的断裂为标志的。犹太人进入到现代社会并非一个内源性的孕育和生长过程，而是在外力的作用之下陷入其中。在大流散的历史当中，犹太人的现代化在时间和空间上都不是均衡、一致的。[②]甚至对于美国犹太人而言，不同时期的犹太移民其现代化程度也存在着相当大的差异。并非所有的德裔犹太人都是“现代”的，大多数 19 世纪的东欧犹太人也称不上“现代”。犹太人的现代化历程呈现出不同的维度，政治、社会、文化现代化的重要性逐一显露，与传统的价值观、制度和社会经济模式之间的关系逐渐断裂或者弱化。

美国犹太人并没有经过合法解放的过程。他们在英国殖民政府统治之下就已经享受了较大程度的法律平等。美国的立国信条，尤其是人人平等、政教分离的原则，赋予了犹太人和其他（白人）少数群体一样的公民身份。和欧洲相对比而言，这不是特殊的合法化过程。美国的宗教和种族多元主义尽管偶尔会遭到挑战，但是得到了宪法和道义的有效保护。美国由此成为了那些在欧洲被视为异己、惨遭迫害的少数群体的避风港。尽管美国充满了机遇，但是对于移民群体而言，也有很多挑战。[③]其中，东欧犹太移民作为规模最大的犹太移民群体，经历了最为艰难的现代化历程。

东欧犹太人的大迁移本身就是整个犹太世界的一场开足马力的文化革命的充分表现。东欧犹太人移居美国，他们所面临的生存环境发生了翻天

① ［美］摩迪凯·开普兰著，黄福武、张立改译. 犹太教：一种文明［M］. 济南：山东大学出版社，2002：3.

② Paul Mendes-Flohr, Jehuda Reinharz. The Jew in the Modern World: A Documentary History[C]. New York: Oxford University Press, Inc., 2011. Preview xxv.

③ Ibid.: 586.

覆地的变化，这些变化与前一个世纪欧洲工业革命给犹太社会所带来的巨大冲击颇为相似。这种变化主要体现在三个方面：首先是物质生活条件的变化，从原有的东欧小城镇生活，转变到美国大都市的生活；其次是经历了从欧洲的犹太社区到美国的开放社会之后，犹太道德标准与文化传统的变化；最后是犹太人内部阶层成分的变化。这三种合力交织在一起所造成的文化震荡对当时的移民造成了巨大的影响。[①] 东欧犹太社团虽然经历了启蒙运动的洗礼，也在不同程度上受到了当地社会的现代化、资本化以及城市化运动的冲击而出现了政治渴望与文化变迁，一些人也早已认同了现代思想。但就社会总体而言，19 世纪 80 年代以前东欧犹太社团基本上仍处于前现代状态。移民美国作为一个突如其来的客观因素大大加速了对犹太传统观念及价值体系的破坏，“因此当东欧犹太移民来到美国时就开始了其从中世纪向现代转化的历程，在他们身上出现了种种不安与骚动，他们备受艰难与痛苦，为了摆脱传统的生活方式，他们不断地进行自我反省和对传统的反叛，去接受新的思想和道德的挑战，并同时显示出由于与传统决裂和从几百年来半封建隔绝状态一下子进入喧嚣的现代世界而迸发出的那种巨大的生命活力”[②]。

当大批移民移居美国之时，犹太文化已在东欧兴盛了数百年之久。东欧犹太人虽然生活贫困、地位低贱、深受压迫，但大部分仍保持了对宗教的信仰。一些意第绪语作家及知识分子虽然深切地感受到了民族文化的失落与迷茫，但还是极力去维持传统的价值观念及生活方式。然而，适应新大陆的生活并非易事，犹太移民很快就意识到许多传统的犹太礼仪在美国几乎难以为继。当他们还无法改变环境的时候，只能通过对自身的调整和改变来适应环境。犹太观念与美国文化的冲突在读书求知的价值认同上表现得十分明显。众所周知，希伯来民族极为崇尚智慧，他们不仅关注对知识文化的追求，更为关注的是思维方式和思辨能力的养成。因此，求知崇智对于犹太人而言并不仅仅是功利主义那种实现成功的手段，更是一种生存方式和处世哲学，他们甚至把为了获得神启、培养美德的求知过程视为“最高的善”。但是这样的观念却与美国的现实环境相去甚远，他们逐渐意

① ［美］欧文·豪，王海良、赵立行译. 父辈的世界［M］. 上海：三联出版社，1995：107.
② 张倩红，艾仁贵. 犹太文化［M］. 北京：人民出版社，2013：265.

识到，在美国，人们学习知识的首要动机是经济与社会地位的提高，也就是世俗意义上的成功，而精神的升华或灵魂的净化并不是那么重要。在美国出现了这样一种现象：那些昔日备受尊重的拉比及有学问的人，此时却因谋生及赚钱能力的欠缺而深受冷落。[①]

犹太人渐渐发现，他们已经远离了父辈的世界，这个现代的、世俗化的世界给予他们平等，赋予他们获得智力和个人发展的机会。更为重要的是，现代社会鼓励了犹太人自我表达方式和集体组织方式的发展进步。尽管在犹太人的现代化进程中，反犹主义一次次向犹太人发起生存的挑战，他们的宗教、文化和身份认同也经历了严酷、悲惨的考验，但是这种创伤，连同现代的犹太历史迎来了以色列的重生，以及犹太自豪感和群体意识的重生。

二、信仰张力：宗教与世俗的冲突

犹太人作为宗教的民族，几乎把世界和生活的一切方面都自动纳入到超验的神学体系当中去，并借助对神学观念、神学体系的营造来达到解说以至抗拒世界的目的；但在犹太教的思想深处，即使在上帝、契约、选民等犹太教的核心观念上，其针对实际的现世生活而表现出的强烈的理性精神以及掩藏在神学思维中的理性机制、思想策略，也都是深刻而明显的。[②]尤其是伴随着犹太人进入到西方基督教的生存世界，更加难以用其宗教信仰上的特点来作为衡量犹太人的标识，犹太群体中反而是出现了神学与世俗并存，且神学与世俗的本身又呈现出持续不断的分化趋向。[③]因此，美国犹太人在信仰方面，也面临着宗教与世俗的价值认同张力。在这种张力的影响下，美国犹太教逐渐演化成了当前由正统派、改革派、保守派和重建派构成的派别谱系，而与此同时，世俗化的脚步也从未停歇。

（一）美国犹太教的分裂与重建

美国犹太教的主要宗教思想实际上都孕育、诞生并成熟于欧洲，而非美国土生土长的产物。甚至是在美国发展起来的重建派也受到了散居犹太人的民族主义的深刻影响。早期的美国犹太移民由于文化背景的差异而产

---

① 参见张倩红，艾仁贵．犹太文化［M］．北京：人民出版社，2013：265-267.

② 刘洪一．犹太文化要义［M］．北京：商务印书馆，2004：410.

③ 同上书：409.

生过一定程度的对抗，但是当今的美国犹太人对犹太教的态度主要是实用主义的，因此他们之间的矛盾和冲突也大大减少。[①]19 世纪初至 20 世纪初，犹太教在美国经历并完成了改革运动。美国犹太教改革运动受到马丁·路德领导的欧洲宗教改革的影响，其改革的指向是使犹太教走向理性化、民主化和现代化，剔除神秘主义和简化烦琐的教规礼仪。同时，在启蒙理性的指导下，美国犹太教改革运动承续犹太"哈斯卡拉"运动的思想路径并发扬光大。此外，美国的自由主义精神和宗教宽容也为犹太教改革运动提供了思想的沃土。但是，美国本土的基督教的强大加上自然神论的冲击，也构成倒逼犹太教走向改革道路的重要因素。[②] 基于对犹太教的不同理解，美国多数犹太人归属于不同派别。根据 2013 年度皮尤研究中心的调查，美国犹太群体形成了如下图所示的宗教景观。其中，改革派犹太教徒占 36%，保守派占 18%，正统派占 10%，还有 30% 无教派人士，以及 6% 改信其他宗教的人士。

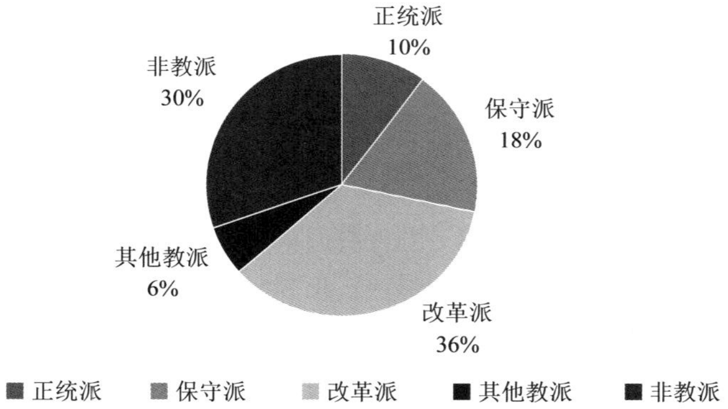

图 3–1　美国犹太人的教派身份 [③]

犹太教改革派是最早从传统犹太教中分裂出来的教派。改革派人士认为，犹太教是犹太人的宝贵精神遗产，是犹太人在漫长历史进程中形成的学说、价值观和人生观的集中呈现。但是宗教的原理、思想、传统，如同

① ［美］大卫·鲁达夫斯基著，傅有德等译. 近现代犹太宗教运动：解放与调整的历史（第三版）［M］. 济南：山东大学出版社，2014：342-343.

② 唐立新:《美国犹太教改革运动的思想源流》，求是学刊，2014（6）.

③ Pew Research Center. A Portrait of Jewish Americans[R]. 2013: 10.

所有人类组织一样，都需要经历一个发展演变的过程。因此，犹太教也需要因时而变，每一个时代的犹太人都要为犹太文化做出自己的贡献，使犹太文化长盛不衰、不断更新和升华。1843 年，德国犹太教改革派领导人召开会议并发表宣言，宣言主要包括以下内容：第一，犹太教是不断发展的宗教；第二，《塔木德》对现代犹太人没有约束权威；第三，不寻求弥赛亚降临，犹太人生活的国家就是他的祖国。这一宣言标志着改革派的正式形成。19 世纪后期，随着大批欧洲犹太移民的到来，改革派思想也很快在美国掀起了改革的浪潮。美国开放的社会环境和自由的社会氛围让改革派在美国迅速发展，到了 19 世纪末，改革派人数超过正统派，成为美国犹太教规模最大的教派。改革派运动的出现对美国犹太生活，甚至是全世界的犹太社团都造成了巨大的影响，改革派人士用行动证明了犹太教是一个不断进化和发展的宗教。①

犹太教正统派是犹太人的母系宗教派别，也是美国最早的犹太教派别。实际上，在改革派和保守派兴起之前，几乎所有犹太教徒都可以被视为正统派。然而，“正统派”作为教派术语使用却出现在犹太教改革运动之后，是为了应对改革派对传统教义提出的挑战，重申传统犹太教的主张才出现的。正统派坚持犹太信仰和传统，将《托拉》和《塔木德》视为传至万世而皆准的经典，作为犹太人生活的准则。在对待犹太律法和犹太礼仪的态度上也坚持延承传统。19 世纪下半叶，随着大量俄国和东欧犹太人的到来，美国正统派犹太教的力量得到了充实。到了 20 世纪上半叶，美国犹太教正统派内部又分成了极端正统派（原教旨主义者）、新正统派和哈西德派（虔诚派）三个派别。正统派犹太人是现代犹太教中最为保守和固执的派别，也是对犹太历史传统和思想文化理解得最为深入和透彻的派别。②

犹太教保守派是形成于 19 世纪后期的派别。保守派的宗教理念介于正统派和改革派之间，因此“保守”实际上是相对而言的。保守派和改革派一样主张对犹太传统改革，协调犹太教与现代科学之间的关系。与改革派不同的是，他们在原则上基本接受犹太律法和传统礼仪，并且格外重视把犹太宗教与犹太文化、犹太民族结合起来。但是，他们对传统的看法又与

---

① 徐新．犹太文化史（第二版）［M］．北京：北京大学出版社，2011：150-153.

② 同上书：153-156.

正统派有所不同，他们认为更重要的是建立公义，而不在于出现一个救世主。而且他们也不认为《托拉》和《塔木德》都是永恒不变的真理，都需要依据现实而灵活变通。著名的犹太学者所罗门·谢克特在 1902 年对保守派运动进行了调整，并且贡献了一整套系统的保守派理论，使保守派迅速发展成为一个既富有美国特色，又兼顾犹太传统的教派，并成为了美国锡安主义的主要后盾。①

犹太教重建派是从犹太教保守派中分离出来的教派，兴起于 20 世纪 30 年代的美国。摩迪凯·开普兰是重建派的创始人，他认为犹太教是一种不断进化、不断发展的文明，不仅仅包括犹太宗教，还包括犹太的历史、文学、语言、社会组织、民间约束、社会和精神理想、审美价值等，这些的总和构成了一种文明。开普兰认为，犹太人要在现代社会中生存和发展，就必须在犹太人的历史和文化的基础上重建他们的生活。这种新思想将帮助人们抛开教派、信仰、习俗的差异，使整个犹太民族团结起来。重建派尽管是从保守派分离出来的，在对待犹太礼仪的态度上也更接近保守派，但是他们的有些观念甚至要比改革派更加激进。当前，只有大约 2% 的美国犹太人是重建派的教徒。由于重建主义运动的成员主要来自于保守派和改革派，且重建派的犹太会堂和宗教礼仪基本上与保守派一致，因此重建派对美国犹太教的影响主要是在于意识形态方面，而对美国犹太人的现实生活影响较小。②

在人类历史的早期阶段，宗教与文化相互交融、互为依存，原始文化包含着原始宗教，原始宗教是原始文化的载体与表现。随着社会的不断进步，宗教才逐渐从文化整体中分离，成为一种独立存在的文化形态。自近代以来，宗教与文化的关系历来是思想家及神学家们关注的话题。在神学家们看来，宗教是各种文化形式的源泉与主宰，文化只能依附于宗教而存在。启蒙思想家们则走向了另一个极端，他们主张让文化脱离宗教而获得独立，正如让人性从神灵那里回归于人类自身一样。只是在具有现代意义的宗教人类学研究兴起之后，人们对这一问题才有了更理性的观点：一方面，宗教自身所具有的多重性文化功能被赋予了客观的认识；另一方面，

---

① 徐新．犹太文化史（第二版）［M］．北京：北京大学出版社，2011：156-157.

② 同上书：157-158.

宗教与文化之间的兼容性与依存性得以充分肯定。[①]美国犹太人生活在一个个人主义至上的社会，这个社会没有给予任何宗教群体生活以官方的认可，犹太教在犹太人当中的权威地位也遭到了极大的冲击。当美国在政治上回复至中央权力时，美国犹太教内部也有迹象表明一种与之对应的回归“核心”的趋势，试图从早先几十年的分裂性斗争中摆脱出来。另一方面，以色列国面临的威胁，以及对世界范围内日益兴起的反犹主义的担忧，同样也在美国犹太人中强化了这种意识，即他们必须找到各种不同的宗教流派、立场和分歧之间相互交流与合作的方式。目前犹太教面临的问题就是：“在何种情况下为了统一性而妥协，又在何种情况下为了原则而坚守”[②]。

对美国犹太人而言，以宗教为内核的犹太文化正处于剧烈变革的历史转型期。美国犹太教的改革致使犹太教原有的一统性主导权逐渐丧失，暂时没有形成新的具备替代性的文化要素。美国犹太人在不同宗教运动之间，不同背景和意识形态之间，在父系犹太人和母系犹太人之间都存在着分歧，一些人甚至质疑在 21 世纪犹太人是否还能维持一个统一的民族。一些观察者敏感地觉察着犹太生活中难以克服的分裂趋向，“一种灾难性的分裂”“犹太人的分歧日益增大”“一个分裂的民族”[③]等等评价不绝于耳。历史地看，缺乏核心的宗教权威有助于解释美国犹太生活经常提及的有关“分裂”的争议。在美国犹太教中没有绝对的权威，不论是拉比还是会众团体，都无法做出被广泛接受的宗教决定。事实上，美国人长期以来就对宗教权威人物保持警惕。伴随着新教权威的衰落和 1960 年代各种年轻人对权威的反叛，宗教权威受到了猛烈的攻击。美国犹太教也很好地适应了这种对宗教权威抱有矛盾态度的传统[④]。问题在于美国犹太人能否找到平衡宗教权威和个人自治的方式。

（二）美国犹太教的世俗化趋势

美国学者拉里·席纳尔（Larry Shiner）认为，世俗化具有六种含义，包括宗教在思想意识、行为约束和组织生活等方面的衰退，宗教团体价值取向为顺应现代社会做出的从来世向今世的转变，宗教与其社会职能的分

---

① 张倩红，艾仁贵．犹太文化［M］．北京：人民出版社，2013：15.

② ［美］乔纳森·D.萨纳著，胡浩译.美国犹太教史［M］.郑州：大象出版社，2009：317.

③ 同上书：316.

④ 同上书：313.

离，其他思想学说和观念学派对宗教信仰的替代，世界神秘主义特质的减弱，以及社会从“神圣”向“世俗”的转变。[①]

对世俗性的兼容一直是犹太教的特征，这是犹太教与基督教的区别之一。大部分学者认为犹太教的世俗化与基督教、伊斯兰教等宗教一样遵循了宗教现代化的一般规律，其主旨无非是指社会权威从拉比为主体的神职阶层转入俗人之手，现世而非宗教成了生活的主流，传统宗教不得不由社会生活的核心移向社会生活的边缘。但美国学者约瑟夫·L. 布劳（Joseph L.Blau）提出了不同的看法。他指出，如果把世俗化仅仅解释为尘世的活动代替宗教的活动占据了人们生活的中心位置，那么这一定义更适合于基督教而不是犹太教。因为在基督教中宗教世界与世俗世界才截然对立，互不相容，而在犹太教中二者一直是兼容并存的。“如果我们把世俗化视作割裂生活的主要因素之一，其本质就变得更为明确了。个人生活不再被看作是宗教动因居于中心地位的共同体生活，而是个体生活的每一个方面作为各自独立的部分平行、纵向发展。”世俗化社会里，家庭、职业、社会活动、宗教等每个方面都有自己的发展动力、基本理论及其游戏规则。人们总是有意识地阻止不同生活内容的相互渗透与干预。更重要的是，现代人无法利用任何单一的理念对原本已经变化的生活做出一体化的解释，无法像过去那样利用上帝的意愿和上帝的诫命来框定一切，“因为生活的每一个独立的方面都有自己单独的价值观”。[②]“作为伦理一神教的犹太教，在处理伦理道德与现实生活的矛盾时表现出了更多的现实性和务实性。这一特点使犹太教不只是一种虚无缥缈的生活理想，而且还是一种实实在在的生活方式。”[③]

现代主义伴随着世俗化浪潮的兴起对宗教信仰发起了巨大的挑战。由于犹太人适应现代化的挑战与解放运动同时发生，犹太社会所承受的巨大冲击与深刻变革是始料未及的，也是前所未有的，传统文化所面临的危机也就更为严峻。[④]传统犹太教不得不对一系列的历史性问题做出回答，例如：如何面对人类理性的升值及自我意识的加强对传统的以宗教为核心的

---

① 转引自戴康生，彭耀．宗教社会学［M］．北京：社会文献出版社，2000：200.
② 转引自张倩红，艾仁贵．犹太文化［M］．北京：人民出版社，2013：191.
③ 张倩红，艾仁贵．犹太文化［M］．北京：人民出版社，2013：195.
④ 同上书：196.

集体主义价值观的冲击？如何对犹太教进行调整，重新构造新的思想以适应世俗化的现代社会？当时，犹太教中围绕着“如何看待现代主义”，“如何解释天启的概念”以及“如何认识犹太民族”这三个基本问题产生了激烈的争论。在这场争论中，犹太教改革派和新正统派等脱颖而出，在传统犹太教走向分裂的同时，现代犹太教也处于酝酿和成长阶段。犹太教的这段经历证明了这样一个理论层面的问题：世俗化过程本身也正是宗教复兴与宗教创新的过程，传统宗教越衰落，宗教复兴与创新就越有可能发生，并且很容易被正在寻求信仰替代品的人们所接受。从这个意义上看，世俗化不仅是社会进步的产物，而且是宗教发展的动力。用美国社会学家罗伯特·贝拉的话来说，世俗化是现代工业社会日益增长的复杂性和差异性的一部分。在现代社会，世俗化推动了宗教的私人化，使宗教较少受到组织化的控制，它允许个人有更大的自主性去创造自己的意义体系。由于自主性是人类进步的体现，因而这种随着世俗化而来的自主性的宗教，是宗教发展的最高阶段，也就是现代宗教。①

三、身份张力：犹太人与美国人的同构

“犹太人的历史程式与一般民族相比最显著的特征即在于它的不断迁徙和不断流散，在文化空间上则形成了散存世界的文化景观。犹太文化的成长不是汇聚性地集中于它的文化策源地，而是在与异质文化的种种接触中得以生存和延续，这也从根本上导致了犹太文化本源属性的某种分化和变异”。② 就不同时期来到美国的犹太移民而言，其思想文化及观念形态很快表现出对美国社会主体精神的认同，并且将新大陆视为自由、民主、平等的乐土。③ 美国自由女神像的基座上铭刻着一首十四行诗，诗中写道：

把你，
那劳瘁贫贱的流民
那向往自由呼吸，又被无情抛弃
那拥挤于彼岸悲惨哀吟
那骤雨暴风中翻覆的惊魂

① 参见自张倩红，艾仁贵．犹太文化［M］．北京：人民出版社，2013：197.
② 刘洪一．犹太文化要义［M］．北京：商务印书馆，2004：409.
③ 张倩红，艾仁贵．犹太文化［M］．北京：人民出版社，2013：260.

全都给我！
我高举灯盏
伫立金门！

诗人艾玛是著名的犹太裔美国作家，同时也是复国主义运动的重要先驱。这首诗既是为所有经历了艰难困顿的移民而作，同时也饱含着作为一名犹太人的独特的情感。尽管美国犹太人经历了艰难的移民历程，但是时至今日他们已经发展成为一支人口规模庞大的犹太社团，他们参与到了美利坚合众国的建设和发展过程之中，成为美国历史的书写者、美国精神的缔造者。美国犹太人甚至自信地宣称："法律并不出自锡安，上帝之道并不出自耶路撒冷。"① 美国犹太人正在发展出一种不同以往的价值认同特性。随着文化多元主义盛行和族际通婚比率的上升，美国的犹太拉比、学者和社团领袖目前正为"这是怎样一种犹太认同？""它能否维持到下一代？"此类问题而殚精竭虑。② 对于美国犹太人而言，如何平衡个人身份中的"美国性"与"犹太性"，如何既融入主流社会，又维系族裔特色，也是一项艰巨的挑战。

（一）公民身份与文化同化的代价

19 世纪末以来，"所有的犹太领袖，无论来自德国还是俄国，都鼓励移民们采取新大陆的生活方式"，用雅各·希夫的话来说就是"做一个美国人——无论在会堂里还是在大街上"。当时的一些犹太宗教领袖认为，犹太人必须首先认同自己的美国身份，这样才能拥有属于美国人民的自由观念和自我意识。美国犹太教改革派的奠基人艾萨克·迈耶·怀斯（Isaac Mayer Wise）提出，要为美国犹太人制定一套美国式的宗教礼仪及规范，他的《美国的仪礼》就是为这一目的而作。怀斯指出，犹太教只有在美国这样的民主国度才会繁荣兴旺，当然，美国也正需要像犹太教这样的体现了普遍性、理性、自由及人道原则的宗教。他在 1872 年 8 月的出版物上指出："我们首先是美国人，然后是以色列人……我是一个忠实的公民，因为我的国家并不妨碍我根据自己的信仰而成为一个以色列人。"③ 实际上，在

---

① ［美］雅各·瑞德·马库斯，杨波等译．美国犹太人，1585-1990年［M］．上海：上海人民出版社，2004．311．

② 宋立宏．谁是"犹太人"——关于"Ioudaios"的札记［J］．历史研究，2007（2）．

③ ［美］乔纳森·D.萨纳著，胡浩译．美国犹太教史［M］．郑州：大象出版社，2009：261．

美国的各个犹太教派都在不同程度上认同美国主流文化，甚至也在一定意义上构成了美国多元文化的重要组成部分。

学者张倩红在《犹太文化》一书中深入分析了犹太人“现代化”“同化”“美国化”之间的关联，这三者的交织实际上就暗示了美国犹太人新型身份构建的核心内涵。犹太人的美国化是一个受多种因素影响与制约的复杂的社会现象，这一现象对犹太社会所产生的作用充满了悖论性，必须从不同角度来理解其多重内涵及多重影响。其一，犹太文化的现代化在美国大陆采用了“美国化”这一表现形式，犹太人和犹太文化的美国化过程实际上就是对世俗化、现代化的认同及追逐过程。如果仅仅从理论上讲，“美国化”不能等同于“现代化”，正如“西方化”不能等同于“现代化”一样。但在美国社会中，犹太文化确实以“美国化”作为自身在现代社会中总的定位及发展趋势，正是在对美国文化的认同与效仿过程中，犹太文化更多地接受了现代性。其二，美国化过程是犹太历史及文化空前发展的过程，正是由于对以美国文明为载体的现代文化的吸收和融合给后者注入了新的活力，因而才能在新的时代条件下仍然为“美国化”（或现代化）的犹太人提供精神营养，并以此保留了自身在现代社会中的地位。其三，尽管美国犹太人更乐于用“Americanization”（“美国化”）而不是“Assimilation”（“同化”）来形容自身所处的状况，但犹太人的“美国化”的过程也是他们同化于外部社会的过程。美国犹太人的同化主要表现在宗教意识淡漠和异族通婚这两个方面。学者赫伯特·帕尔泽恩（Herbert Parzen）曾评价道，“美国精神（Americanism）淹没了犹太民族的生活”。的确，在美国化过程中，犹太人改变了他们的行为模式，改变了他们的常用语言，甚至改变了他们的思想观念。① 而这些正是犹太文化融合于美国主流文化的过程，也是犹太人获得美国公民身份认同的过程，总之，“种种迹象表明，他们（美国犹太人）似乎正在向着失去民族性格、失去文化特征、失去宗教特征的那种类型的犹太人演化，除了还能虔诚地承认他们的出身和一副随时准备向任何慈善机构慷慨捐赠的热心肠之外，他们似乎同自己的过去斩断了所有的联系。”②

---

① 参见张倩红，艾仁贵．犹太文化［M］．北京：人民出版社，2013：260-265.

② ［英］塞尔西·罗斯，黄福武、王丽丽等译．简明犹太民族史［M］．济南：山东大学出版社，1997：485.

在犹太人“美国化”的过程中，异族通婚是最受争议的话题之一。犹太人历来反对族外婚，异族通婚长期被犹太社团看成禁忌。犹太圣经《申命记》中指出：“如果这样（通婚），会造成你的子女不再追随我，而去侍奉其他的神”。由于宗教信仰和生活方式的独特性，犹太人在历史上长期延续着族内通婚的传统，甚至直到 20 世纪 60 年代，仍被界定为“最内婚制的族群”。但是随着美国民权运动的发展和犹太人社会地位的提升，犹太人与其他族裔之间的藩篱逐渐被冲破，他们的活动范围遍及美国各地，可以更加自由地选择住所、工作和环境。随着族际交往越发频繁，犹太人当中选择和异族通婚的人越来越多。根据皮尤研究中心的调查数据，美国犹太人整体的异族通婚率逐年增加，到 2013 年已经达到了 58%。尽管信奉犹太教的犹太人在异族通婚率方面相对较低，但是也已经接近 50%。

表 3–1 美国犹太人的通婚率①

结婚时间	犹太人整体通婚率（%）	信奉犹太教的犹太人的通婚率（%）
2005–2013	58	45
2000–2004	58	50
1995–1999	55	45
1990–1994	46	42
1985–1989	41	35
1980–1984	42	39
1975–1979	36	32
1970–1974	35	21
1970 前	17	11
总和	44	36

美国作为当今世界上除以色列之外犹太人口最为集中的国家，美国犹太人的同化问题一直牵动着全世界犹太社团的心。有些犹太思想家甚至认为，犹太民族最大的威胁不是来自外部，而是来自内部，美国犹太人正在走向自我毁灭之路。然而，如果我们从历史的大潮流来看，同化是犹太文化在走向美国化、现代化的过程中所付出的代价，也是宗教文化在现代主

① 整理自 Pew Research Center. A Portrait of Jewish Americans[R]. 2013.

义的冲击下必然会出现的一种现象。而另一方面，美国犹太人的同化并不必然导致犹太文化和美国犹太社团的衰落。由于以宗教为核心的犹太传统赖以存在的政治、经济、社会、文化及心理条件在现代社会中依然存在，再加上犹太文化为适应现代化而不断地调适自己，所以同化潮在短期之内不会导致文化及民族的消亡。[①]

（二）犹太身份与双重认同的诟病

美国犹太人尽管经历了不断融入美国文化主流的同化过程，但是整体上却仍然维系着对犹太民族特有的情感和归属感。尽管对于美国这个移民社会而言，在多元文化主义的主流框架中，各个族裔群体保持其族裔身份和民族情感是无可厚非的，但是美国犹太人却在纳粹屠犹及随后的以色列建国的历史背景下，在美以关系、美国对中东外交政策等复杂政治语境中，招来了双重身份认同的诟病。

在历史上，犹太人的族裔身份属性的维系一直是这个民族的鲜明特征。从犹太文化内部的视角来看，犹太教扮演了精神纽带和“文化疆界”的角色，是犹太人在漫长的流散过程中维系犹太身份、保持民族认同的重要因素。[②]从外部的视角来看，犹太人在历史上流而不散的一个重要原因是外部压力的持续存在，于是他们必须团结一心、共渡难关。在犹太民族充满了灾难与坎坷的发展历史中，犹太人一直信奉着“生存主义”哲学，外部的反犹主义势力的一次次死灰复燃也一次次确认了该哲学的合理性。

20 世纪以来，对犹太人民族情感产生过最强烈影响的无疑当属纳粹屠犹事件[③]。学者汪舒明指出，对于犹太民族的政治意识尤其是对权力的认知和态度而言，纳粹屠犹显然是一个转折性的历史事件。纳粹屠犹改变了流散史上犹太人对权力的消极态度，以强权自主地保障犹太民族的安全成了许多犹太政治学家和神学家的现实选择。纳粹屠犹事件发生后，犹太民族整体上转向锡安主义运动，而且锡安主义运动本身也变得更加激进。纳粹屠犹也改变了美国犹太人的自由同化主义立场，使他们急剧转向锡安主义。在美国锡安主义阵营内部，激进的政治行动主义路线迅速取代了慈善事业

---

① 张倩红，艾仁贵．犹太文化［M］．北京：人民出版社，2013：264-265.

② 李晓岗．战后美国犹太人民族凝聚力的盛衰［J］．历史研究，1997（2）.

③ 有关纳粹屠犹的分析参见汪舒明．纳粹屠犹与犹太民族的现实主义转向［J］．世界民族，2010（2）.

式的温和保守路线，将锡安主义组织改造成一个强大的政治压力集团。纳粹屠犹成为塑造当代犹太民族社会政治特征的重要历史基础，导致其“重归历史”，推动其明显的现实主义转向。纳粹屠犹带来的生存危机以及由此形成的心理阴影，使犹太民族转向了民族主义，转而努力增强本民族的政治权力。它造就了当今犹太民族“一个精神中心（以色列）、两个权力支柱（以色列和美国犹太社团）的政治格局”。在此背景下，犹太民族从历史上的无权状态，在一定程度上甚至成为了强权民族。但是尽管如此，犹太民族内部始终没有丧失在权力问题上的道义敏感性，这也避免了他们在权力的道路上走向另一个极端。

在纳粹屠犹暴行的直接刺激下，犹太复国主义持续酝酿、发酵、成熟，并终于促成了现代以色列国的建立。美国犹太社团对以色列国的建立也立下了汗马功劳，甚至时至今日也从不同层面影响着以色列的国家发展，而这在美国各个族裔当中是较为少见的，因此也遭到了许多非议。美国当代政治中的一个突出现象是利益集团政治、族群政治的兴起以及宗教势力对政治的日益介入。犹太利益集团兼备了独特的民族－宗教利益集团的双重属性，并且受惠于这种特性带来的好处，成为一支重要的政治力量。①美国犹太利益集团的游说行为备受关注，尤其是其对美国中东外交政策方面的影响，更是美国政界和学界关注的焦点。几年前，芝加哥大学政治学教授米尔斯海默和哈佛大学肯尼迪政府学院院长沃尔特出版了《以色列游说集团与美国外交政策》一书。作者指出，美国存在一个为了以色列的利益而积极活动的游说集团，他们的主要目标是推动美国的外交政策朝着亲以的方向发展。他们通过引导竞选资金捐助的流向，来对政治家进行褒奖或惩罚；通过对行政部门施压，使政府官员们支持他们；通过对媒体、学术界和智库施压，来塑造有关以色列的公共话语和公共认知。作者认为“以色列游说集团”的出现，使美国对以色列施以大量的经济援助和军事援助，同时压制和限制了巴勒斯坦人民的民族渴望，最终损害了美国的自身利益。书中还专门探讨了“双重忠诚”的问题。作者指出，当前学者和评论家大多以中立和不含贬义的方式来使用“双重忠诚”一词，而且不可否的是美

---

① 参见刘军．美国犹太人——从边缘到主流的少数族群［M］．昆明：云南大学出版社，2009：30-45.

国犹太人位列最爱国和最忠诚的美国公民之中。然而，没有哪两个国家的利益总是相同的。当游说集团为了以色列的利益而对美国的内政外交施加影响，导致美国的利益受损，甚至在重要战略地区造成了灾难时，那么美国犹太人便难免会受到“双重忠诚”的质疑。①

对美国犹太人而言，价值认同的张力机制一方面使他们面临着种种价值矛盾与困境；而另一方面，犹太文化也因为这种张力系统而获得了较大的弹性和容纳能力，使犹太人能够在多维的价值坐标体系中寻找属于自己的位置，能够相对自主地选择自己成为犹太人的方式。因此，从更深远的意义来讲，美国犹太人的价值认同张力，实际上也蕴藏着美国犹太社团的生命力，让犹太社团内部能够充分容纳多样化的价值取向，而不至于分崩离析。面对种种问题和张力，美国犹太人感到困惑和不安是不足为奇的。他们是应当关注犹太宗教的强化，还是促进犹太人口的增长？应该把与异族通婚看成犹太教实现超越的一次机遇，还是视为子孙后代的灾难？应该建立宗教之间沟通的桥梁，还是强化宗教之间的界限？应该强化宗教权威，还是宗教自治？应该协调犹太教与当代文化的关系，还是固守犹太传统而反对当代文化？应该为了统一性而妥协，还是为了犹太人所珍视的原则而坚守不移？事实上犹太人目击了在他们社区出现的两种独立的发展趋势——同化和复兴。哪种将占据优势，未来将会如何，这都由每一天、每一个社区、每一个犹太人决定。②但是一些犹太学者对此也抱着理性而乐观的态度，他们认为历史也会提供另一种可能性，那就是今天的美国犹太人也能够找到创造性的途径来维持和复兴犹太文化。伟大的犹太哲学家西蒙·诺维道威茨（Simon Rawidowicz）曾经指出，“一个垂死挣扎了几千年的民族，意味着它也是一个富于生机的民族。我们不断地垂死挣扎也就意味着不间断地生存、兴起、抗争、更新”③。

---

① ［美］约翰·J.米尔斯海默，斯蒂芬·M.沃尔特著，王传兴译：以色列游说集团与美国对外政策［M］. 上海：上海人民出版社，2009：201-205.

② ［美］乔纳森·D.萨纳著，胡浩译. 美国犹太教史［M］. 郑州：大象出版社，2009：317.

③ 转引自［美］乔纳森·D. 萨纳著，胡浩译. 美国犹太教史［M］. 郑州：大象出版社，2009：318.

第四章

美国犹太人价值认同的构成逻辑

美国犹太人的价值认同的复杂性体现在，它既是历史性的问题，又是现实性的问题；既是观念性的问题，又是实践性的问题；既是个体性的问题，又是群体性的问题。对美国犹太人价值认同的深入剖析，既需要从核心理念层面概括美国犹太人价值认同的主要内容，又需要从犹太文化层面理解美国犹太人价值认同所暗含的深层文化禀赋，更为重要的是要挖掘美国犹太人所认同的核心价值理念得以代代相传的实践承载机制。因此，本章首先将美国犹太价值认同的核心理念进行归纳和概括，包括契约意识、律法观念、弥赛亚观念、崇智重教观念以及伦理精神；进而挖掘这些价值理念背后所对应的深层的文化禀赋，主要包括其一神与多元共生的信仰世界、悖逆与兼容并存的哲学理念以及吸纳与整合同步的文化立场；最后分析这些价值理念得以传承至今的社会实践根基。

一、美国犹太人价值认同的核心观念

美国著名的犹太历史学家乔纳森·萨纳总结了美国犹太人的四个主要特征，包括：对美国的生活充满希望，对多元主义充满信心，对成功充满渴求，对犹太的存续充满责任感。① 从萨纳的总结我们可以看出，美国犹太人尽管已经深度融入到美国生活当中，但仍然将犹太文化及犹太特性的存续和传承视为己任。当然，对于美国犹太人而言，他们所认同的核心价值观念实际上深深植根于美国和犹太两个方面的传统，并且经由现代社会的改造，呈现出一种“世界性”的气质。但是，本书所关注和分析的重点在

① Jonathan D. Sarna. The American Jewish Experience. [C]. New York: Hlmes & Meier Publishers, Inc., 1997. xiv-xv.

于美国犹太人价值认同的“犹太性”的部分，而这些价值观念又在根本上都与犹太教有着千丝万缕的关联。正如摩迪凯·开普兰所言：“我们不能把一种宗教从一种文明中分离出来，这就正如我们无法将白色从雪花中分离出来，或者把红色从鲜血中分离出来一样。”[①] 作为犹太人最重要的精神信仰，犹太教蕴含了丰富的思想观念，其中一些核心价值观念更是渗透到犹太人生活的方方面面，成为犹太人赖以生存的精神支柱和民族认同的重要标志。本书将重点围绕着契约意识、律法观念、弥赛亚观念、崇智重教观念和伦理精神几个方面来分析美国犹太人价值认同的核心观念。

（一）契约观念

契约意识是犹太文化的核心思想，“约”（covenant）的概念是犹太文化的关键性概念。这一观念深刻影响了犹太教甚至是基督教。犹太圣经又称为《旧约》，基督教在对犹太教义进行继承和改造的过程中认为上帝与犹太人的立约已经失效，并且与世人重新立下契约，称为《新约》。《圣经》中多次提及上帝与生灵立约之事。《创世记》中，上帝对诺亚说：“我欲要与你立约，你同你的妻子与儿子、儿媳都要进入方舟。”（6：18）洪水之后上帝又提出：“我与你们以及你们的后裔立约，并与你们这里的一切活物，就是飞鸟、牲畜、走兽，凡从方舟里出来的活物立约。我与你们产约，凡有血肉的不再被洪水灭绝，也不再有洪水毁坏地了。”（9：9-11）而后，上帝又与亚拉伯罕立约：“我是全能的上帝，你当在我面前作完全人，我就与你立约，使你的后裔极其繁多。……我与你立约，你要做多国的父……我要将你现在寄居的地，就是迦南全地，赐给你和你的后裔，永远为业。……”（17：1-8）此外，上帝还与摩西立约，通过十诫来确定了犹太人作为上帝选民所应尽的义务。

有学者分析了犹太契约意识的来源，认为这是犹太人演绎了西亚地区发达的契约活动和契约思想而形成的。从地理位置来看，西亚地处亚欧非三洲交通要塞，自古商贸兴盛，因此协约方式和交换原则成为他们日常交往和活动的重要思想原则。而犹太教恰恰是将这种理念当中原本的人与人之间的契约更换为人与神之间的契约，并从中衍生出了独特的思想内涵。[②]

---

① ［美］摩迪凯·开普兰著，黄福武、张立改译.犹太教：一种文明［M］.济南：山东大学出版社，2002：232.

② 刘洪一.犹太文化要义［M］.北京：商务印书馆，2004：162.

契约观念加深了犹太人作为上帝选民的优越感和责任感，使犹太人认为自己与上帝之间存在着一种“双向选择”的互动关系，而不是单向的、被动的宿命安排。在这个意义上，契约观念赋予了犹太人在人神关系中的自主选择权，在人类思想史上第一次实现了对宿命观的突破。[①]而后，这种契约观念超出了信仰的范围，对整个西方文化的发展都发挥了重要的作用，无论在政权组织形式、经济交往还是人们的日常生活和行为方面，都体现着这一观念的影响。

当犹太人来到美国后，他们对契约观念的持守突出地表现在商业领域。犹太人在经商过程中十分注重对契约的信守，这让犹太人逐渐建立起商业信誉，能够充分发挥出“经商民族”的特长和优势。因此，这种来自于神学信仰的价值观念作为犹太人的生存哲学之一，帮助犹太人取得了世俗意义上的经济成功。而这种成功反过来也促进了犹太人对契约精神的坚守。另一方面，犹太人的契约观念中蕴涵着一种集体意识，这也为美国犹太人的发展壮大起到了推动作用。上帝与犹太人所立之约并非单指某个具体的犹太人，而是指涉犹太民族这个群体，因此犹太人在承认自身与上帝立约之时，实际上就暗示着承认了自己与犹太同胞之间是休戚相关的。这一点让饱经流离之苦的犹太人能够相互扶持、互帮互助，让犹太民族能够在长期的流散历程中仍然保持为一个充满凝聚力的整体。

（二）律法观念

对于犹太人而言，“律法是一种自愿接受宗教教义的制度，这些宗教义务把民众束为一体，遵奉律法与否决定着其将来的福祸。”[②]犹太人的律法观念是“对律法的超越社会学意义的认识论”，包括了犹太的一系列道德准则和日常规范。律法思想源于法典思想和社会传统，是两河流域文明的重要遗产。犹太文化对律法思想进行了创造性的继承，将上帝视为律法的来源，以此赋予了律法至高无上的地位。更为重要的是，犹太人将宗教信仰所倡导的抽象的道德准则，进一步推演至信徒具体的日常行为标准。正如《出埃及记》中所讲的，“我们将倾听上帝的吩咐，我们必遵行。”（24：7）因此，犹太教的思想和教义从某种意义上说是通过遵守律法

---

① 徐新．犹太文化史（第二版）［M］．北京：北京大学出版社，2011：80.

② 罗伯特·塞尔茨．犹太的思想［M］．上海：上海三联出版社，1994：74.

而体现出来的。犹太教检验信徒的崇信程度并不是主要考察他们对上帝的“信”，而是看其是否依据律法而“行”。因此，人们将犹太教视为“因行称义”的宗教，区别于“因信称义”的基督教。①

犹太律法在《创世记》《出埃及记》《利未记》《民数记》《申命记》中均有体现，后人依据《托拉》中的有关内容，梳理出了613条律法，其中包括248条“训诫”和365条“禁诫”。除此之外，从这些诫命中还衍生出了一系列的补充性的律法内容。在犹太律法中，最为核心的是我们所熟悉的“摩西十诫”（《出埃及记》20：3-17），主要内容为：

第一条：“我是耶和华——你的神，曾将你从埃及地为奴之家领出来，除了我之外，你不可有别的神。”

第二条：“不可为自己雕刻偶像，也不可做什么形象仿佛上天、下地，和地底下、水中的百物。不可跪拜那些像，也不可侍奉它，因为我耶和华——你的神是忌邪的神。恨我的，我必追讨他的罪，自父及子，直到三四代；爱我、守我戒命的，我必向他们发慈爱，直到千代。”

第三条：“不可妄称耶和华——你神的名；因为妄称耶和华名的，耶和华必不以他为无罪。”

第四条：“当记念安息日，守为圣日。六日要劳碌做你的工，但第七日是向耶和华——你神当守的安息日。这一日你和你的儿女、仆婢、牲畜，并你城里寄居的客旅，无论何工都不可做；因为六日之内，耶和华造天、地、海，和其中的万物，第七日便安息，所以耶和华赐福与安息日，定为圣日。”

第五条：“当孝敬父母，使你的日子在耶和华——你神所赐你的土地上得以长久。”

第六条：“不可杀人。”

第七条：“不可奸淫。”

第八条：“不可偷盗。”

第九条：“不可做假见证陷害人。”

第十条：“不可贪恋他人的房屋；也不可贪恋他人的妻子、仆婢、牛驴，并他一切所有的。”

---

① 徐新．犹太文化史（第二版）北京：北京大学出版社，2011：85.

对于犹太人而言，律法观念为他们规定了与宗教信仰相关联的道德准则，明晰了对上帝应尽的责任与义务，让他们从思想观念到日常行为的方方面面都有所依归。犹太人对安息日和饮食法的遵守，就深刻反映了这种律法观念。尽管当前随着犹太教派的分化，美国犹太人对安息日和犹太食品所持的态度已经大不相同，但是律法观念背后所蕴含着的宗族之感和认同意识仍然对美国犹太族群的发展发挥着作用。笔者曾走访过位于纽约布鲁克林的犹太社区，那里的商店仍然遵守着安息日的作息时间，并且坚持出售符合犹太洁食标准的食物。

（三）弥赛亚观念

弥赛亚是英文 Messiah、希伯来文 Masiah 的音译，这个词在希伯来语中原本指的是“受膏者”。在犹太人的圣经时代，重大的仪式上都会出现受膏这一过程。仪式中，香油会被倒在君王、祭司或先知等受封者的头上，表明其是上帝选中并派来的人，具有特殊的权力。随着犹太国的覆灭，犹太人开始了流散的生活，弥赛亚逐渐与犹太国家的复兴与重建联系起来。流散犹太人共同期盼着弥赛亚及其时代的到来，这成为流散犹太人凝聚集体意识的精神纽带。弥赛亚的降临意味着会出现一位大卫家族的后裔，为以色列人重新建立起精神王国，使他们获得救赎。犹太人坚信，“有可能获得拯救的唯一途径是通过始终保持对自己整个民族的忠诚来实现的，因为只有在今世分享他们的命运，他才能在来世分享他们的命运。这种信仰是犹太人在过去的生活中的巨大的凝聚力所在。犹太人认为，他们的拯救既是属于民族的，又是属于个体的”[①]。

犹太人的弥赛亚观念是与末世论相辅相成的。犹太人认为末日会降临，但同时一个完美的世界将会诞生。这个完美的世界预示着正义的彻底胜利，人类获得永久的和平，世间万物将远离纷争、和睦共处。当末日到来之时，上帝派遣的弥赛亚会降临人间，将犹太人拯救出来，让他们重返家园，重建王国，开启弥赛亚时代。

犹太人的弥赛亚观念实际上反映了犹太人的历史观与伦理观。他们认为历史会朝着一个既定的方向发展，这种发展的结局既包含着毁灭又包含

---

① ［美］摩迪凯·开普兰著，黄福武、张立改译．犹太教：一种文明［M］．济南：山东大学出版社，2002：9.

着希望和重生。尽管弥赛亚观念仍然无法脱离出宗教思想的局限，但是这种朴素的价值追求深深影响了一代又一代的犹太人，让他们充满了对正义、和平的渴求，同时为理想的社会不断努力奋斗。犹太人还认为，凡是愿意接受上帝和上帝教诲的人，都将进入上帝的国度，都能获得救赎。因此，犹太人所期望的弥赛亚并不是局限于犹太民族自身，而是一种普世性的关怀。这使得犹太人不但能够通过弥赛亚凝聚起民族内部的力量，使犹太人始终对犹太同胞的生存和发展保持关切，同时还认为自己对整个世界的美好未来负有责任，需要用自己的实际行动来推动世界的改变。

此外，弥赛亚观念也象征着犹太教与基督教之间的矛盾与分歧。基督教圣经《新约》主张，耶稣的出现就意味着弥赛亚的降临，然而犹太教徒则不承认这一点，认为弥赛亚仍未来临，他们仍然在期盼着弥赛亚的到来。尽管对有些虔诚的犹太教信徒而言，弥赛亚观念仍然作为一种宗教思想，指导着他们对世界、对未来的终极看法，但是对很多犹太人来说，这种观念实际上已经从一种宗教思想转变为一种世俗的力量。

（四）崇智重教观念

在犹太圣经中，智慧是一项重要的论题，有关智慧的论述大量出现于《诗篇》《约伯记》《创世记》《申命记》《出埃及记》等等篇章当中。《箴言》（8：8-18）中写道：

> 我口中的言语都是公义，
> 并无弯曲乖僻
> 有聪明的，以为明显，
> 得知识的，以为正直。
> 你们当受我的教训，不受白银；
> 宁得知识，胜过黄金。
> 因为智慧比珍珠更美；
> 一切可喜爱的都不足与比较。
> 我——智慧以灵明我居所，
> 又寻得知识和谋略。

从上述文本中我们可以看出，“犹太文化中的智慧被赋予了强烈的神学和神圣色彩，智慧为上帝所造，成为了上帝神性的一种流溢。”[①] 这样，犹太人建立起了崇尚智慧与崇信上帝的联系，将智慧在犹太生活中的地位提高到了“立地”、“定天”的高度，将神圣与世俗、理想与功利结合在一起，体现了犹太文化独特的知识观和智慧观：以智慧立足世界并超越世界。犹太教义中所体现的智慧观对犹太文化甚至是犹太历史都产生了深远的影响，并且由此生发了犹太崇智重教的观念。[②]《圣经后典·便西拉智训》中说：

博大智慧，
来自天主，
智慧与他，
永世相随。
……
智慧先于万物，
知识永世长存。
谁曾获悉，
智慧祖籍何方？
何人理解，
智慧之聪明玄妙？
万象归一主，
全智又全能。

犹太文化典籍不仅强调智慧的重要，同时还深入而具体地探讨了追求智慧的方式方法，将崇智与重教有机结合在一起。随着塔木德文化的兴起，犹太人用现世生活阐释了原始的犹太教义，进一步发展了这种崇智重教的观念，并进一步将这种观念引入实践。《塔木德》认为，学习是一种至高的善，是敬神的一部分，学习是犹太人日常生活中必不可少的部分。而到了现代社会，犹太人崇智重教观念的对象从传统教义逐渐转变为现代知识，这为犹太民族的崛起和复兴起到了至关重要的作用。这一点在美国犹太人身上尤为明显。当美国犹太人对知识的渴求遇到了美国社会公平而开放的教育体制时，犹太人崇智重教的观念迅速结出了丰硕的果实。美国犹太人

---

① 刘洪一．犹太文化要义［M］．北京：商务印书馆，2004：268.
② 同上书：270.

的受教育程度远高于美国社会的平均水平，各行各业都出现了不少犹太裔的佼佼者，尤其是在举世瞩目的诺贝尔奖的获奖者当中，犹太人占据着惊人的比例。

二、美国犹太人价值认同的文化禀赋

美国犹太价值认同在历史与现实、传统与现代、固守与吸纳、外在与自身等多个文化范畴和层面上所经历的挑战、所体验到的张力，不仅是美国犹太生活在历史境遇下的产物，也能够在犹太文化最深层的精神品性中找到相应的印记。在犹太人数千年的文化沿革中，在其经验与超验、神圣与世俗、思想与行为等等诸种文化范畴中，这些充满矛盾与张力的文化元素不仅是强烈的，也是贯通的[①]。本部分将从犹太文化“一神与多元”“悖逆与兼容”“吸纳与整合”的精神品性来分析美国犹太人价值认同的文化禀赋。

（一）一神与多元的信仰世界

犹太人对上帝唯一神的尊崇是不容置疑的，“十诫”的第一条便以上帝的口吻明确宣谕：“我是上帝——你们的上帝，曾将你们从埃及地为奴之家领出来。除了我之外，你不可有别的神。”犹太教作为几千年来维系犹太民族的精神纽带，其“一神教”的本质特性起到了重要作用。有学者认为，犹太人这种一神崇拜的宗教特质实际上是缘于他们被囚禁的历史[②]。犹太人的一神信仰是在“巴比伦之囚”以后才在犹太人社团中最终取得主导地位的，这不仅表明犹太人的宗教信仰与犹太寄居生活有着不可分割的关系，也表明犹太人的文化身份是在寄居中成长、变化的。在希伯来圣经中，先知们严厉斥责同胞中那些搞偶像崇拜、霸人田地妻女的不义之人。但是在巴比伦之囚以前，犹太人之间仍盛行偶像崇拜。然而到了被囚禁的时期，犹太人无法公开祭拜自己的神，而只能私下进行。为了在这种恶劣环境下维系民族的存续，犹太人逐渐发展出一种非偶像的、排他的、只在族群心灵深处存在的宗教观，以此来发展自己的信仰、增强族群的力量。的确，如果犹太人拥有一个领土意义上的祖国，能够享有充分的自由和充分

---

① 张倩红，艾仁贵．犹太文化［M］．北京：人民出版社，2013：406.

② 参见刘洪一．犹太文化要义［M］．北京：商务印书馆，2004：402-406. 张倩红，艾仁贵．犹太文化［M］．北京：人民出版社，2013：27-32.

的活动空间，那么他们也许会将偶像崇拜传承下来。但是，当时寄居他乡的犹太人势单力薄，尤其是在宗教信仰方面始终处于弱势地位，因此大张旗鼓的偶像崇拜是绝不现实的，对他们而言只能将民族心底里的神视作唯一的真神。自此，犹太人的一神信仰不断强化犹太族群的凝聚力，一方面让他们能够在艰辛的流散历程中拥有精神的寄托，另一方面也让流散于各地的犹太人快速找到精神契合点，从而促进了犹太文化的传承和犹太民族的传续。

然而，犹太一神教并未解决犹太人乃至犹太文化的一致性问题，特别是由于犹太文化非同寻常的历史流程和发展经历，无论是犹太人还是犹太文化，在历史上都形成了异常复杂的情形和特性，而这一特性恰恰成为了犹太人和犹太文化的一种本质属性。埃弗拉姆·舍缪里在其《七种犹太文化：犹太历史与思想新解》中认为，犹太民族的历史上呈现了七种鲜明的文化样态：

1. 圣经文化（Biblical）

2. 塔木德文化（Talmudic）

3. 诗化—哲学文化（Poetic-Philosophic）

4. 神秘主义文化，及其分支哈西德运动（Mystical, and its Later Offshoot, the Hassidic movement）

5. 拉比文化（Rabbinic）

6. 解放文化（The Culture of Emancipation）

7. 民族—以色列文化（The National-Israeli culture）

埃弗拉姆·舍缪里的分析明显地侧重于犹太民族不同的历时性阶段所出现的若干主导性的文化特征。然而犹太文化的复杂性就体现在无法用纯历时性的范畴去归纳它，例如圣经文化、塔木德文化等等都不只对某一特定的时代发生效用，也必然对其后的一切犹太生活发生影响。而所谓的拉比文化、解放文化等等也非无水之源，必然能在圣经文化等其先前的文化遗产中找到孕育的种子和资源。这七种不同的犹太文化形态背后反映的实际上是犹太文化复杂而多样的品性特征。

从犹太人的历史历程和文化演进我们可以看出，犹太族群和犹太文化的复杂属性，导致犹太身份认同、犹太民族特性、犹太文化本质等理论问题的探讨都是异常棘手的。更为关键的是，这些问题的复杂性并不限于理论方面，更体现在实践方面；这些问题的混乱性不限于犹太群体方面，更影响着每一个具体的、现实的犹太人。由此，犹太人不断地在追问“我为什么是犹太人？”“什么是犹太文化的本质？”“何为犹太性？”“什么是犹太教根本的教训、价值、理想？”等根本性问题。有犹太学者精辟地总结道，作为社会、文化、政治变迁的结果，许多犹太人正经受着对其身份的无所不在的怀疑。对于犹太人而言，“犹太人作为一个整体构成了一个民族；这个民族是由上帝创造和培育的，并且尽管它拒绝了非犹太人认为是专为犹太人以及世界上的其他民族所特有的准则，但依然保持了作为一个民族的地位。只要非犹太人接受这种对历史的阐释，而根据这种阐释，犹太民族通过自身的集体力量在人类获得拯救的整体框架中起到了重要的作用，那么，用什么样的特别名称来区分犹太人就实在是无关紧要的了。重要的事实在于，作为一个独特的群体，犹太人已经拥有自己的地位”。所以，尽管犹太认同表现出巨大的复杂性，但作为一种文化现象，犹太人和犹太文化实质上在世界文化的话语中既呈现着内在精神、文化特质上的某种“统一性”，又表现出难以“界定”的多样性，“一个上帝，七种犹太文化”比较形象地昭示了犹太文化的品性特征。[①] 犹太人在历史上对围绕着其价值认同而进行的持续不断的追问与反思正是一神与多元的信仰世界在现实生活中的投射。

（二）悖逆与兼容的哲学理念

犹太圣经中曾借用上帝之口指出，犹太人“自从出胎以来，便称为悖逆的”。在圣经的文本中，“悖逆”（rebel）原本指的是犹太先祖对上帝的背离。但实际上，犹太文化在演进过程中，逐渐把这种“悖逆”的属性演发成为一种更具形而上普遍意义的品质特性。犹太文化的“悖逆”属性，不仅意味着它与传统和权威的分离取向，在更普遍的意义上还象征着它与“母体”或“本体”的分离取向，以及在这种分离张力中存在着的一种矛盾的关系状况。学者刘洪一对犹太文化的这一特质品性做出了界定，他认为，“悖逆”是指在犹太文化的结构形式、结构内涵等各种文化构成中恒定而普遍存在着的一种矛盾、悖异、冲突的品质特性。

---

① 参见刘洪一．犹太文化要义［M］．北京：商务印书馆，2004：402-406．张倩红，艾仁贵．犹太文化［M］．北京：人民出版社，2013：403-406．

“犹太人对上帝的悖逆”这一神学界定虽然是以神学的思维和面貌出现在《圣经》当中的，但其实质上是对早期犹太人的历史、文化、民族、心理等方面普遍品性的一种高度概括和总结，是对犹太民族、犹太文化本质品性的一种深刻认知和揭示。悖逆作为犹太文化的一种精神品性，在犹太文化的历史发展中体现在不同的范畴层面。在犹太人的民族与文化的本体构成上，从民族身份到历史流程，从文化发生、存在方式到文化的内涵属性，都体现出典型的悖逆特征。就犹太认同问题而言，“犹太人是谁”的问题从一开始就从犹太人的身份界定上向我们展示了“犹太人”与犹太民族文化所蕴藏的深刻悖逆，这种悖逆在古代集中体现在犹太民族整体的裂变史实上。历史上，希伯来民族十二支派的形成及南朝犹大、北朝以色列的分裂抗争，都是作为一个民族整体的希伯来民族发生的民族裂变和民族分化。伴随着这样一种民族整体结构的“解体”，以及有关悖逆上帝的神学思想的演绎，在犹太人的观念上深处也相应地出现了诸种分解变异。

流散时期，逐步进入西方基督教世界的犹太民族被更加深刻地“解体”，这不仅体现在犹太民族内部宗教派别的进一步裂变分化，更重要的是出现了宗教与世俗并存甚至背离的现象。自此，犹太民族不再是一个仅仅彰显宗教特色的民族，而是在体质、心理、观念等方面都呈现出分化趋向的多面体。与此相吻合，在犹太人的文化历程、文化发生空间甚至是在犹太人的文化结构和文化属性这一具有本质意义的文化层面，犹太文化的悖逆特性也得到了集中的体现。与其他民族相比，犹太人最显著的特征即在于它的不断迁徙和不断流散，在文化空间上则形成了散存世界的文化景观。失去故土的犹太文化不是在它的文化策源地不断成长和成熟的，而是在与异质文化的种种接触中得以生存和延续的，这也从根本上导致了犹太文化本原属性的某种分化和变异，即在异质文化中成长的犹太人往往都不同程度、不同方式地实现了对本原传统的分离，从而也是实现了犹太人之间、犹太民族整体之间在文化品性上的某种悖逆。散居世界各地的犹太人在文化身份上的多重性及犹太文化整体的散存结构，从犹太文化本体的结构和内涵上深刻地标示了犹太人和传统犹太文化的分化与矛盾特征。①

由于这种悖逆的文化品性，犹太文化的精神也因此掩藏在一些看似难

① 参见刘洪一．犹太文化要义［M］．北京：商务印书馆，2004：406-412。

以理喻的文化事实当中。其一是犹太人观念世界与现世经验的悖离。一方面是观念中“上帝特选子民”的独特使命感，一方面却是几千年来颠沛流离、饱受磨难的现实境遇。其二是“犹太人”同一性和多样性的巨大反差。尽管作为一个民族整体的犹太人，统纳于一个共同的精神纽带，但是从古代以色列十二支派的分离开始，尤其是流散时期以后，犹太人无论在观念意识、生活方式还是体貌特征等方面都呈现出巨大的差异。其三是“宗教民族”及其对上帝的反叛。犹太人几乎将生活的一切领域都纳入神学的框架或涂上神学的色彩，然而在犹太文化甚至是犹太教的内核当中却潜藏着强烈的世俗功利因素和理性精神。斐洛、斯宾诺莎等思想王国中的“犹太逆子”对犹太宗教学说的背叛，成为了引发人类思想深刻变革的重要契因。其四是犹太人外来臣民的身份及其对异邦文化的“征服”。尽管犹太人在历史上曾长期作为流浪客民生活在夹缝当中，但是以《圣经》为代表的希伯来传统和犹太思想又以种种方式影响了整个西方世界。其五是“小民族”与“大创造”。相较于犹太民族的人数而言，他们在现代科学、文学、艺术等方面都创造了惊艳世人的成就。①

而在悖逆之外，犹太文化尤其是美国犹太文化又呈现出一种较强的兼容性。这种兼容性实际上是美国文化兼收并蓄的特质与犹太文化的客民文化特质相结合的产物。这种兼容性在犹太教改革派的思想倾向中表现得最为突出。犹太教改革运动在一定程度上也可以看作是启蒙思想的产物，最初孕育于欧洲，但是却随着传播到美国之后才实现了空前的发展，以至于成千上万的改革派会众在短短一代人的时间里就完全接受了美国价值观，并迅速融入了美国文化主流。从这个意义上说，犹太启蒙运动奠基者摩西·门德尔松（Moses Mendelssohn）的理想，盖格（Abraham Geiger）和霍尔德海姆（Sammuel Holdheim）的理论，实际上是在美国的改革派犹太社团中获得了实现。犹太文化的这种兼容性也同样在保守派乃至正统派身上都得到了体现，如保守派中的重建主义理论就采用了美国式的思维方式，如约翰·杜威的实用主义、菲利克斯·阿诺德的圣经批判主义、威廉·詹姆斯的心理学等，以致一些学者认为重建主义就是历史学派理论美国化的

---

① 参见刘洪一．犹太文化要义［M］．北京：商务印书馆，2004：前言 1-10.

产物。[①] 由此可以看出，美国犹太人在价值认同方面的内在张力，实际上深深镌刻于犹太文化悖逆与兼容的精神品性之中。

（三）吸纳与整合的文化立场

犹太文化的整合精神，也就是犹太文化能够有效集合事物的多种因素、多维属性的文化功能和品质，在对事物的兼收并蓄、有机容纳中，超越性地呈现出具有典型犹太特质的新的品质属性、新的文化功能和意义。[②] 犹太文化吸纳与整合的过程不是机械性的，而是“吐故”而“纳新”，在这个过程中进行有机的文化整合与创造。

作家弗兰茨·卡夫卡是犹太文化在西方世界的践履者，也是一个对犹太文化有着深切思考的思想者。关于犹太人和犹太文化，他曾说：“犹太人像种子那样分散到了各地。就像种子吸收周围的养料，储存起来，促进自己的生长那样，犹太民族命中注定的任务是吸收人类的各种各样的力量，加以净化，加以提高”。[③] 很多研究表明，希伯来民族的最初的形成实际上就是通过不断吸纳和整合异质文化而实现的，这种吸纳和整合包括种族和文化等多个方面。阿奇博尔德·罗伯逊在《基督教的起源》中曾说，希伯来人甚至不是一个单一的民族。犹太文化的吸纳和整合精神不仅反映在民族形成和发展的历程中，也反映在犹太文化的要素构成上。犹太教中的一神论、契约观、割礼、安息日等观念思想和节期习俗，都相当明显地吸收、容纳了迦南、巴比伦、埃及等地宗教－文化中的若干要素。特别是犹太教的一神论这一核心思想，透过其神学的帷幕，它所表达的是一种典型的单种论观念，即人类源于同一父亲，无论种族、肤色、言语如何，都是由上帝借助亚当、夏娃的创造而衍生出来的，在这里，“犹太人以完全不同于希腊人和罗马人的方式冲破羁绊而达到了一个人类的思想”。犹太民族流散世界后，犹太文化的整合精神得到了空前和全方位的实现。

随着犹太人的流散，人们赋予散居犹太人以“世界主义者”的称谓。的确，在原本相对稳定的历史环境下，犹太人不得不通过不断地迁徙和流散来保全和发展自身，也正是在这样的历程中，犹太人吸纳与整合的文化立场逐渐深化、成型。散居世界的犹太人被赋予“世界主义者”的称谓，

---

① 潘光 . 美国犹太人的成功与犹太文化特征［J］. 美国研究，1999（3）.

② 刘洪一 . 犹太文化要义［M］. 北京：商务印书馆，2004：414.

③ 转引自刘洪一 . 犹太文化要义［M］. 北京：商务印书馆，2004：413.

但是这个称谓不仅是指犹太人在空间分布上遍及世界，更为重要的内涵是犹太人的整合精神。而犹太人的整合精神，并不是对事物多种要素、多维属性的简单相加，而是有着特定的整合方式及相应的内涵意义。美国著名心理学家阿瑞提从民族心理的角度考察了犹太人的这种整合意识，他明确指出："接受不同的甚至对立的文化刺激尤其适用于犹太人。古老的希伯来文化与西方文明的影响相会合就提供了这样一种对立。……对于无论来自多数人还是少数人的不同意见都予容纳，这一直是犹太人当中所流行的态度。……作为一个在历史上大部分时间处于少数地位的民族来说，他们高度重视容纳态度所具有的价值。"①

犹太人在民族身份的获得和民族共同体的形成方面，都凸显了吸纳和整合的文化立场。伟大的犹太思想家马丁·布伯对犹太文明有着至为深刻的分析，他说："我们必须从其最深处去把握犹太教的问题，探究到其底部，一直到从矛盾中生出永恒的地方为止。……我所认为的犹太教的基本问题，其存在的不可思议的、令人敬畏的和创造性的矛盾就在于它的两重性（dualism）。……没有哪个民族产生出了如此卑鄙的冒险家和背叛者，没有哪个民族产生出了如此崇高的先知和拯救者。这只有在各个历史时期才会发生。崇高绝不等于最初的犹太教，低劣也不等于其退化；相反，它们一直并行存在。……这些采取不同立场的人往往是同一些人。赞成和反对二者都会存在于犹太人中。没有人能够像犹太人那样具有如此充足的能力或如此多的约束。"② 犹太文化在其特殊的发生、存在方式及历史流程中，一方面广泛地接触、吸收和整合多种异质文化要素，留取和提炼最能适应现世生活要求的优质部分，一方面淘汰、剔除那些陈腐、过时的糟粕内容，发挥超越性的优势文化机能。作为这种一神与多元、悖逆与整合的"两重性"精神品性的负载者，犹太人正是在对两重性的克服、调试与统一中，创造出了灿烂的犹太文明。

三、美国犹太人价值认同的社会根基

2013 年，皮尤研究中心调查了美国犹太人认为对其身份意识的维系起

---

① 转引自刘洪一 . 犹太文化要义［M］. 北京：商务印书馆，2004：416.

② 同上书：418.

到关键作用的几个方面。在调查结果中，以下九个方面的内容最受关注：

1. 铭记大屠杀历史（Remembering the Holocaust）
2. 保持道德约束感（Leading an ethical and moral life）
3. 为公平正义而奋斗（Working for justice/equality ）
4. 保持求知欲（Being intellectually curious）
5. 保持对以色列的关心（Caring about Israel）
6. 保持幽默感（Having good sense of humor）
7. 保持对犹太社团的归属感（Being part of a Jewish community）
8. 遵守犹太律法（Observing Jewish law）
9. 食用犹太食品（Eating traditional Jewish foods）

尽管不同的受访者对这九个方面内容的认同程度有所不同，但是这些方面对我们凝练和总结美国犹太人价值认同的社会实践根基具有一定的启发和参考意义。本书结合美国犹太文化的属性特征，以及针对犹太认同的调查和研究结果，总结了美国犹太人价值认同四个方面的社会实践根基，包括以犹太律法为核心的犹太宗教文化、以纳粹屠犹为典型的犹太族群记忆、以犹太家庭为单元的犹太集体精神以及以犹太教育为载体的价值传承机制。

（一）以犹太律法为核心的犹太道德规范

在犹太研究领域，学者们普遍将宗教性视为犹太文化的永恒维度和基本内核。犹太教信奉唯一的上帝，追求普世性的道德价值，在特选子民的身份意识之下，犹太人形成了一整套教义信仰、律法伦理、生活方式、社会体制、民族文化和习俗。犹太律法是犹太教信仰、观念的规范化与制度化，是以神的诫命形式所确立的人类行为规范体系。在犹太教的宗教结构中，上帝、托拉（广义的律法）、以色列人三者构成了一个相互支持、相互依赖、相互说明的整体，律法是连接上帝信仰和以色列人的桥梁和纽带。①

从内容与形式的角度来看，犹太律法在广义上指的是犹太圣经《托拉》，狭义上指的是摩西《五经》。犹太人认为这是上帝对犹太人特殊的指引和训诫，具有极强的权威性，是犹太人道德生活的基本规范。除了成文

① 王宏选 . 犹太律法的演变和特征［J］. 甘肃政法学院学报，2007（02）.

的律法之外，作为犹太民族生活指南的《塔木德》可以被视为口传的律法。《塔木德》记录了两千多名犹太拉比的贤明言论，融合了近千年的犹太思想与文化的精华，成为犹太人知识的源泉与智慧的动力。曾有学者指出，“如果《圣经》是犹太教的奠基石，那么《塔木德》则是矗立在基石之上，支撑犹太人整个精神和智慧大厦的中心支柱”①。整体而言，犹太律法规定了犹太生活的方方面面，包括神职人员的职责与特权、平民的法律地位、权利与义务、财产所有权、债务、婚姻、家庭与继承、犯罪与刑罚、审判机构与诉讼等等。

尽管随着犹太教的现代性变革，美国犹太人已经不再以盲从、教条式的方式去遵从犹太律法，但是其背后所代表的追求一种道德生活的价值导向，仍然影响着当代的美国犹太人。例如，很多美国犹太人依然将割礼作为成年的仪式，作为犹太人身份的重要标识；犹太人依然重视自己的历法、庆祝自己的节日，并通过种种努力来维持犹太生活的特色。

（二）以纳粹屠犹为典型的犹太族群记忆

美国犹太人十分重视通过集体记忆的塑造与强化来凝聚犹太族群在历史观层面的价值认同。在这当中，纳粹屠犹的历史是犹太族群记忆最为典型，也最为沉痛的代表。尽管纵观犹太民族的历史，与反犹主义的抗争几乎贯穿整个历程，但是纳粹屠犹则是反犹主义发展中的最顶点，是整个犹太文化史、犹太民族史，乃至整个人类文明史上无法掩盖且难以愈合的一道伤疤。这场空前的浩劫以最残忍的方式夺去了百万犹太人的生命，以希特勒为首的德国纳粹政权对欧洲犹太人实行了有组织、分阶段的种族灭绝行为，使原本作为犹太文化中心的欧洲损失了近 90% 的犹太人口。

这场灾难一方面是对犹太人的一次沉重的打击，但是从客观意义上也改变了犹太文化在世界范围内的实力布局，此后美国代替欧洲成为新的犹太文化中心。面对着纳粹屠犹的暴行，美国犹太人内心深处的“犹太意识”和同胞之间的族群联系被迅速唤醒。以纳粹屠犹为典型的犹太集体记忆，不仅铭刻着对纳粹暴行的谴责与反思，也昭示着犹太民族顽强的意志与决心，在伤疤上开出花朵，成为犹太文明史上一道永恒的风景。

通过皮尤研究中心的调查结果我们可以看出，铭记大屠杀的历史构成

---

① 张倩红，艾仁贵．犹太文化［M］．北京：人民出版社，2013：123.

了美国犹太人身份和价值意识的重要组成部分，即使那些淡化了犹太宗教信仰，甚至是已经深度同化到美国社会中的犹太人，也会将这份历史记忆作为最鲜明的身份与价值标识，这似乎已经是美国犹太社团当中一种无须言说的默契。实际上，这种历史的产生与塑造是与美国犹太人的努力分不开的。例如，美国的华盛顿、纽约、洛杉矶等多地都建造了大屠杀纪念馆，让人们铭记纳粹屠犹的暴行，警惕反犹主义的危害，为和平与爱贡献自己的力量。同时，大屠杀教育也进入到美国的校园当中，由教师在课堂上通过文学作品、影视作品等丰富的课程载体与学生共同探讨大屠杀的相关议题。总而言之，以纳粹屠犹为典型代表的犹太族群的集体记忆是美国犹太人价值认同的重要组成部分，是美国犹太社团内部凝聚及外部联系的一个特殊的纽带。

（三）以家庭为基本单元的犹太组织生活

犹太人十分重视家庭生活及家庭伦理。犹太家庭是犹太社会生活最基本的单元，也是犹太组织最原始、最基本的形式之一。犹太律法中有诸多对协调家庭关系、圣化婚姻生活的规定，从而使犹太民族较之其他民族有着更加稳定的家庭结构。传统的犹太生活重视家庭，实际上是父权思想在家庭这种组织形式上的一种延伸。随着犹太文化的现代化，犹太女性的地位不断提升，原有家庭关系中地位不平衡的局面被打破。当代美国犹太人所重视的家庭生活实际上犹太集体精神的一种体现。

犹太社团所持有的“犹太一体观”（Klal Yisrael）是《塔木德》中所有犹太人之间互相负有责任和义务的古老训诫，因此犹太人需要对犹太社团内部需要帮助的人慷慨施与，彼此扶持、同甘共苦。犹太家庭实际上就是集体主义精神孕育的原初场所。通过父母亲的自幼的教育、通过家庭成员之间的天长日久的行为示范，犹太人逐渐意识到个体与群体之间的边界，也学会处理二者之间的关系。而传统中犹太人族内婚姻的普遍形式，实际上使这种集体观念得以更加稳固和持久，使犹太文化和认同可以在家庭的范围内实现再生产。

当前，美国犹太生活的许多具有族群特色的活动都是通过家庭实现的，其中以犹太节日庆典最为典型。尽管生活在美国社会中的犹太人已经习惯和适应了现代的职场生活，成年的子女也基本上开始了自己独立的生活历程。但是每到周五的晚上，犹太人几乎雷打不动地进行家庭晚餐，子女们会回到父母的家中，享受一家人团聚的时刻。此外，一些重要的犹太节日也都是以家庭为单位来庆祝。在这些聚会和庆典的过程中，家庭这个单位不仅仅代表着这个家庭及其成员自身，实际上也象征着以家庭为基本单元的犹太生活，以及犹太生活所倡导的集体主义价值理念。因此，家庭这种犹太生活的最基本的单元，使得散居的犹太人能够在一定程度上保持其民族和文化特色，保有其文化与价值认同感和归属感。

（四）以犹太教育为载体的文化传承机制

犹太人历来以崇尚智慧的勤学、善学者形象而著称。犹太文明光辉灿烂的成果，犹太人在各个领域取得的成就，都与犹太教育的重要功能密切相关。因此，在皮尤的调查研究过程中，有很多受访者表示，“保持求知欲”是作为犹太人的一个关键的身份与价值标识。

在犹太传统中，教育被视为犹太民族的最高职责，关乎着民族的品格、理想甚至存亡。然而，教育不仅仅是美国犹太人提高社会经济地位，实现阶层跃升的重要渠道，实际上也是美国犹太社团实现价值传承的重要机制。美国犹太教育要成为犹太人精神力量的来源，塑造犹太群体生活的特性，为犹太人树立行为准则，确立犹太个体与群体之间的相互责任，建立犹太精神文化遗产不断传承的自我保护机制。犹太教师们常常会为学生讲述带有传奇色彩的犹太英雄故事，并引导他们认识到，作为个体的英雄固然伟大，但更伟大的是作为一个整体的犹太民族。

当代著名犹太历史学家贝丝·魏格纳认为，犹太历史教育成为向犹太年青一代灌输犹太身份意识，并且让他们对美国的犹太生活前景保持乐观的重要手段。尽管不同类型的犹太学校在思想观点方面存在着分歧，但是犹太教育者们拥有一个共同的愿景：那就是为孩子们传达一种能够为特定观念服务的历史观。从整体来看，魏格纳所说的这种“为特定观念服务的历史观”要求美国犹太教育既根植于犹太人悠久的历史文化传统，又兼顾美国社会主流的价值诉求，深刻地反映并回应美国犹太人生活的现实境遇和理想预期。有关美国犹太教育的相关内容将在第五章集中阐述。

第五章

美国犹太人价值认同的教育路径

美国犹太教育（Jewish Education）是美国犹太人平衡其价值认同的种种矛盾与张力的最重要的方式和渠道，是美国犹太人为持守犹太民族文化传统、融入美国主流价值系统、构筑“美国人－犹太人”同构型身份认同而开展的一种具有鲜明特色的教育形式。“古今中外，关于教育和办学，思想流派繁多，理论观点各异，但在教育必须培养社会发展所需要的人这一点上是有共识的。”[①] 纵观其三百多年的历史进程，犹太教育始终坚持与主流意识形态的同向共进。从热情拥抱公立学校，积极接受主流文化的熏陶，到致力形成“美国人－犹太人”同构型身份认同，经过适度美国化改造的犹太教育已然与主流意识形态相容而不相悖、相倚而不相抵，成为一种特殊的思想政治教育开展形式了。这种模式在三百多年的历史赓续之中，始终面临着宗教与世俗、政治与文化、传统与现代、主流与边缘的张力和矛盾，并基于犹太族裔自身的生存与发展需要，产生了一系列富有成效的调整调适与教育引导之策。经过了三百多年的“奠基”“发展”“调整”与“完善”，美国犹太教育适应了美国文化的土壤，实现了自身的发展与复兴，并逐渐确定了以适应现代性变革为指向的教育理念，树立了以同构型身份认同为核心的教育目标，形成了“家庭—学校—社会”协同的教育场域，构建了兼顾族裔特色与主流话语的教育模式。在这个过程中，美国犹太教育还结合美国教育的优势和犹太教育的传统，形成了具有美国犹太族群特色的价值认同教育实践类型。本章将围绕美国犹太人价值认同教育的主题嬗变、基本构成及具体类型展开分析美国犹太人如何通过教育来回应价值

---

① 习近平．在北京师生座谈会上的讲话［N］．人民日报，2018-05-03.

认同的现实张力。

一、美国犹太人价值认同教育的历史嬗变

当代著名犹太历史学家贝丝·魏格纳认为，犹太历史教育成为向犹太年青一代灌输犹太身份意识，并且让他们对美国的犹太生活前景保持乐观的重要手段。尽管不同类型的犹太学校在思想观点方面存在着分歧，但是犹太教育者们拥有一个共同的愿景：那就是为孩子们传达一种能够为特定观念服务的历史观。[①] 从整体来看，魏格纳所说的这种“为特定观念服务的历史观”要求美国犹太教育既根植于犹太人悠久的历史文化传统，又兼顾美国社会主流的价值诉求，深刻反映并回应美国犹太人生活的现实境遇和理想预期。具体而言，美国犹太教育始终扎根于美国犹太人的现实生活，其教育主题的嬗变与国内外的政治经济局势、犹太教改革、公立学校运动和四次犹太移民潮等历史变革紧密相关，大体经历了四个历史时期。

（一）以适应为主题的奠基时期

从 1654 年到 19 世纪 20 年代是以适应为主题的奠基时期。移民之初，犹太人无论从人口、文化还是宗教的角度来看都属于少数群体，“生存”是犹太人在这片土地上的最高哲学。欧洲残忍的宗教迫害还历历在目，对死亡的恐惧成为最强有力的激励，让他们在美洲大陆顽强地生存下去。当他们发现犹太历法与美国生活难以协调的时候，他们为了适应美国做出了种种尝试和改变，并且不断地为自己争取平等的人身权利和宗教自由[②]。这一时期，犹太人为了适应新的政治和文化所作出的文化转型和文化适应，为日后犹太社区的多样化、多元化发展奠定了关键性的基础。而另一方面，犹太人又对同化保持着清醒和警惕。著名犹太学者史蒂文·科恩指出，犹太人一直被理论家们视为是美国“熔炉文化”（Melting Pot）和“象征性族裔”（Symbolic Ethnicity）演变的风向标。在他们眼里，如果连犹太人都不能保持群体凝聚力和文化特殊性，那么其他族裔则更不会有这种可能。[③] 因

---

① Beth S. Wenger，History Lessons：The Creation of American Jewish Heritage［M］. Princeton and Oxford：Princeton University Press，2010：135-136.

② Jonathan D. Sarna. American Judaism: A History[M]. New Haven: Yale University Press, 2004: 9-30.

③ Steven M. Cohen. The Impact of Varieties of Jewish Education Upon Jewish Identity: An Inter-Generational Perspective[J]. Contemporary Jewry, 1995: 16.

此在这一时期，美国犹太教育的主要宗旨就是服务于美国犹太人的生存和宗教生活的延续。最初犹太教育主要在家庭或会堂中进行，后来随着犹太社团的发展，一些富有的家庭往往会为孩子请私人教师来教授犹太知识[①]，而大部分犹太儿童所接受的正式教育主要由犹太社区来提供[②]。

在殖民地时代和美国早期，犹太人人口较少，大部分犹太人在普通的私立学校或者是免费的慈善学校接受教育。1803 年，纽约唯一的犹太会堂（Shearith Israel）创办了一所犹太慈善学校。这所学校与其他宗教学校地位平等，同时享受国家的补贴。最早的一批美国犹太教育者认为，训练美国犹太人的最佳方式是为他们提供完整的世俗教育（英文、阅读、写作和算术）以及适度的犹太教育。同时，他们主张犹太教育应该模仿主流社区学校的教育模式。当时的犹太教育者之所以主张那样的教育模式，是因为他们认为学校不是社会唯一的教育途径。按照约翰·杜威的划分，教育可以分为目的性教育（intentional education）与附带性教育（incidental education）。显然，早期的美国犹太人把附带性教育视为更加重要的教育方式，尤其是延续犹太信仰这个意义上。早期的犹太学校不会教孩子们“如何做一个犹太人”或者是“犹太节日”、“犹太身份认同”。相反，他们会教他们一些关键技能，例如希伯来语阅读等等。而除了这些学识技能之外，其他东西都是在家庭、会堂或者通过当学徒等附带性、非正式而且主要是示范性的方式来进行学习。[③]

尽管这一时期，美国犹太人没有在文化和教育领域留下太多富有创造性成果，但是他们为适应美国社会环境，同时又维系民族宗教文化传统所做的种种努力，为美国犹太社团日后的发展和崛起起到了奠基作用。

（二）以多元为主题的发展时期

从 19 世纪 20 年代到 20 世纪早期是以多元为主题的发展时期。美国犹太教育的多元化发展，与当时美国犹太社团经历的多重历史性变革密切相

---

① Jonathan D. Sarna. American Jewish education in historical perspective[J]. Journal of Jewish Education, 1998,64(1-2).

② Jonathan B. Krasner. American Jews and Education. Encyclopedia of American Jewish History[M]. ABC-CLIO, Inc., 2008: 749.

③ Jonathan D. Sarna. American Jewish education in historical perspective[J]. Journal of Jewish Education, 1998,64(1-2).

关。19世纪20年代被称为美国犹太史上“最引人瞩目的十年”[①]。犹太教革命和内部的派别分立加速了犹太教育类型的分化。犹太教在一系列的改革运动中逐渐形成了较为清晰的内部派别谱系，在后续犹太教育的发展过程中，各个派别依据差异化的教育旨趣，开展了多元化的教育实践，“几乎没有两所学校是相似的”[②]。美国的南北战争一方面加剧了美国犹太社团的内部分化，另一方面也直接加速了犹太人在全国范围内的流动，进一步推动了犹太教育的多元化发展。犹太人在美国定居初期，人口多集中于纽约、费城、查尔斯顿等东部的较大城市，但是随着战争的打响，犹太人开始了更大范围的扩散，也把犹太教育拓展到了全国的范围[③]。

这一时期，公立教育的兴起为犹太教育的多元化发展提供了更大的弹性和空间。19世纪70年代，美国公立教育迅猛发展，美国犹太人热情地拥抱公立学校，将其视为向上流社会发展的最佳通道。大多数犹太青少年都在公立学校里接受美国主流文化的熏陶，那么传递犹太族群认同的重任就落在了犹太学校的肩上[④]。作为“补充”性质的犹太学校也因此有了更大的发展空间。由国家资助的、宗教无涉的公立学校的创立催生了美国教育的一场革命，同时也深刻地影响了美国犹太教育。1825年，纽约切断了对带有宗教背景的慈善学校的资金支持。到了19世纪中叶，美国的教育发生了翻天覆地的变化。当时，美国犹太教育者不得不从两种新兴的且激烈竞争的宗教教育模式中做出选择。作者将两种模式简化为新教模式和天主教模式。新教模式认为，道德观念、普世价值、爱国主义、公民教育和关键技能都应该在国家资助的公立学校中教授，而那些宗教戒律和习俗可以在不同宗派赞助的补习学校中分别开展教学。相反，天主教模式认为上述类型的公立学校实际上是在宣扬新教价值观，而维系少数派的宗教传统只能

① Jonathan D. Sarna. American Judaism: A History[M]. New Haven: Yale University Press, 2004: 54.

② Mordecai M. Kaplan, Bernard Cronson . Report of Committee on Jewish Education of The Kehillah (Jewish Community) Presented at its First Annual Convention, New York, February 27, 1910 , Journal of Jewish Education, 1949, 20(3), 113–116.

③ Jonathan D. Sarna. American Judaism: A History[M]. New Haven: Yale University Press, 2004: 69–70.

④ Beth S. Wenger, History Lessons: The Creation of American Jewish Heritage. Princeton and Oxford: Princeton University Press, 2010: 136.

依靠一个独立的宗教教育系统，于是他们设置了教区系统，学校由宗教主体来建立和运营。在犹太人内部，两个模式的支持者展开了一场重要的讨论。两派人反映了对美国犹太身份认同的观点，以及在美国延续犹太教的不同策略。在19世纪70年代中期，大多数犹太日制学校都关闭了，取而代之的是安息日学校（Sabbath School）、主日学校（Sunday School）以及一些下午补习学校。从那时起，公立学校明显变得更加世俗化，对宗教问题更加敏感。此时，大批犹太人进入公立学校，因为相比于犹太的宗教学校，这里免费、便捷，教学质量更好，环境也更加优越。实用主义、对天主教分离主义的敌意，以及有意识地将犹太人纳入美国城市教育建构中的努力，成功地将犹太人拉入了公立学校的阵营。犹太人把公立学校视为美国民主的堡垒、“自由的圣殿”，辛辛那提一位犹太领袖说：“（在公立学校里），孩子们不论高低贵贱、贫穷富有，不论是新教徒、天主教徒或者是犹太教徒，他们都混杂在一起，一起玩耍，学校教育他们每个民族都是自由的，都在为人类的发展努力着，人与人之间要互相尊重。”

事实上，早在公立学校在美国占据优势之前，犹太领袖们就开始担忧他们身边那些从未得到过任何犹太教育的人群数量。这些领袖们担心这些人会丧失犹太信仰，被基督教传教士的思想所毒害。传教士的威胁一直被当作是犹太社团的预警系统，预示出哪些社区做得还不够，激励当地的犹太领袖做得更好。从19世纪初期开始，犹太人对于教会学校以及宗教改宗的担忧，一直是对犹太教育及公共生活改革的一个鞭策。这种对犹太人流失的担忧引发了一场危机，也侧面地促进了美国犹太人价值认同教育的多元化尝试。

犹太移民的涌入大大丰富了美国犹太教育的形式和内容。19世纪20年代到20世纪早期这一百年左右的时间，被称美国犹太历史学家们称为“移民的世纪”（A Century of Migration）。几次大规模的犹太移民潮，来自中欧、东欧等地的大量犹太移民先后到来，为美国犹太社团充实了力量，注入了活力，丰富了犹太教育的形式。例如，1838年在美国费城首创的犹太主日学校（Jewish Sunday School），随着东欧犹太移民而兴起的犹太宗教小学（Heder）、塔木德律法学校（Talmud Torahs）和意第绪语世俗学校（Yiddish Secular School）等等。19世纪末，美国犹太教育经历了新的发展。对于同化、通婚的担忧，对伦理教化运动（Ethical Culture）的警惕，以及当时反犹主义的迅猛兴起，让犹太人渴望通过犹太教育的复兴来挽救犹太群体。1888 年在费城成立的犹太出版协会大大促进了犹太文化和教育事业的发展，美国的犹太出版物成倍增长。1893 年，三个重要的犹太教育机构宣告成立，即费城的格雷茨学院（Gratz College）——美国第一所实行男女平等的希伯来师范学院，犹太成人教育协会（the Jewish Chautauqua Society）——旨在全国范围内推广成人教育，以及全国犹太妇女理事会（the National Council of Jewish Women）——促进犹太教义基本原则的研究[①]。此外，他们还开始重视对犹太成年人的教育，教育对象包括青壮年和老人。总而言之，这一时期的美国犹太教育在理念、体系和类型等方面都实现了长足的发展和进步，丰富了美国犹太教育的版图，反映出犹太社区的多元化，以及美国犹太人培养子女方式的多样性。[②]

（三）以生存为主题的调整时期

从 20 世纪早期到 20 世纪中期是以生存为主题的调整时期。在“生存”这一主题背后，实际上反映出美国犹太社团内外面临的重重危机。

从内部来看，主要是犹太社团面临的精神危机。19 世纪以来，大量带有不同文化和意识形态背景的犹太移民涌入美国，加之犹太教内部愈演愈烈的分化趋势，使得犹太教的宗教主导权逐渐缺失。此时的美国犹太教育也仿佛失去了“掌舵者”，渐入迷途。1910 年，著名的犹太宗教领袖开普兰·摩迪凯等人发布了针对纽约社区犹太教育的调查报告。报告指出，在纽约 17 万犹太学龄儿童中，仅有约 25% 的儿童接受了某种形式的犹太教育。他们指出了当时犹太教育的三个严峻形势：第一，由于犹太教和犹太生活的失落，人们对犹太教育的需求相对较小；第二，尽管当前对犹太教育需求较小，现有的教育方式和设备仍远不能满足现实需要；第三，为了满足现实需求，必须从体系和内容上对犹太教育进行改革。在这份报告的促动下，纽约社区成立了教育局，并任命著名的犹太教育家萨姆森·班德利（Samson Benderly）作为负责人，领导纽约的犹太教育改革。他们一方面以小学教育为杠杆来撬动整个犹太教育的改革；一方面广纳贤才，充实

① Jonathan D. Sarna. American Judaism: A History[M]. New Haven: Yale University Press, 2004: 138.

② Beth S. Wenger: History Lessons: The Creation of American Jewish Heritage[M]. Princeton and Oxford: Princeton University Press. 2010: 140-142.

犹太教育队伍的力量。

对犹太教育复兴的渴望还引发了美国犹太教育史上著名的“希伯来运动”。希伯来运动的根基是欧洲和巴勒斯坦，在那里希伯来语的复兴被看作是犹太启蒙（Haskalah）的象征，这类文化活动也被视为大流散中使犹太人得以重生的复国主义运动及其相关运动成功的关键。“用希伯来语教希伯来语”的教学方式，同时也被看作是一种希伯来语教学的“自然方式”。班德利和他的追随者们成功地将这种自然的希伯来语教法推广到整个美国犹太补习学校体系当中。这种教学方式实际上发源于19世纪末欧洲的犹太教育改革运动，这场运动中的一些改革者随后移民到了美国，他们也在美国建立起了相同模式的犹太学校。1898年，班德利在巴尔的摩采用了这样的方式教授希伯来语并取得了巨大的成功。1905年的时候，美国的希伯来语学者联合起来，举办了一场致力于拯救犹太人的会议，他们决心将这种教学方式引入到学校当中，提升犹太教育的整体水平。他们认为，希伯来语会提高犹太人的忠诚度，防止同化，带来一个新世界（bring on a new world）。总而言之，这些希伯来语学者代表着一种世俗化的犹太救世主义（Jewish secular messianism），吸引着当时的犹太人。希伯来语学者们希望实现的是一场犹太文化的革命，因此他们从犹太小学开始着手，不断进行渗透，以求发生变化。

最终，美国犹太教育逐渐成为了以希伯来语为中心、以复国主义为导向的状况。这不仅对犹太教育事业产生了巨大影响，其影响还波及其他方面。第一，犹太教育的课程设置开始聚焦于希伯来语，以至于很多学校被视为“希伯来语学校”。在此之间，犹太学校一般被叫作 Talmud Torah。此前，希伯来语被看作是掌握犹太文本的手段，但现在却成为了目的本身；而犹太文本成了语言习得的手段。这种转变精确地反映出了希伯来语学者的理念。他们认为，现代希伯来语不仅是美国犹太人得以存续的关键，也是在锡安建立犹太家园的关键。第二，犹太教育开始用希伯来语的掌握程度来定义教育是否成功。熟练掌握了希伯来语才算是成功的。那些不以希伯来语为中心的课程对他们来说，既是违背自然的，又是前景堪忧的。第三，本特利和他的学生们对犹太教育坚持一种精英主义的导向，他们认为那些可以熟练掌握希伯来语并且能够适应“双学校系统”的是有天赋的英才。但是正如劳伦斯·克雷明指出的，教育的首要目标到底应该是培养那些最具天赋的人，还是培养普通人或者是对那些长期以来受到歧视的人加以补偿性的鼓励？这个问题有待商榷，但是很明显这一时期的主要导向是培养具有天赋的人。第四，希伯来语教法运动推进了美国犹太教育的职业化发展。对希伯来语的要求使犹太教师行业中的竞争和淘汰法则发生了变化，只有语言技能足够的人才有可能获得教职。由于这部分人数较少，因此他们的工资得到了提高，工作环境也有所改善。第五，希伯来语教法运动提振了犹太教育者的信心。原本身份低微的教师感受了自身的价值，他们全心全意地坚信美国犹太人的未来取决于他们的工作。在他们眼里，他们拥有的不仅仅是一份工作，而是一项神圣的使命。

这场运动最后以失败告终，并对美国犹太教育的目标和理念产生了深远的影响。学者们列举了希伯来语运动失败的种种因素——“美国化的强力推进以及美国社会对外语的敌意；希伯来文学在以色列的巨大成功和主导地位；这场运动的世俗主义导向无力回应战后人们对宗教价值观的呼唤；犹太人向郊区的迁移导致会堂逐渐占据了支配地位”等等。但最根本的在于这些承诺要通过重塑来拯救犹太教育的改革者们，逐渐脱离了犹太人的生活，脱离了犹太人的需求。因此，美国犹太教育在后续的发展过程中始终秉持着这样一个宗旨，那就是为犹太人提供在美国和犹太两个世界里安身立命的工具。任何无视社会客观规律和社团现实需求的教育尝试，都存在着极大的风险。

此外，从 20 世纪二三十年代起，犹太社团面临的外部危机更加严峻。首先是经济大萧条。1930 年 12 月 11 日，象征着美国犹太人经济成功的标志性金融机构——“美利坚银行”（the Bank of the United States）倒闭了[①]。犹太社团在这场经济危机中遭受重创，其中犹太教育更是损失惨重。然而，接踵而来的却是对犹太人更加沉重的打击——大屠杀。当时，美国犹太人一同沉浸在沮丧、悲哀，甚至是绝望的情绪中。但是在灾难面前，犹太民族再一次展示出了强大的生命力。如摩迪凯·开普兰所言：“犹太人……一度抛弃了他们的民族”，而现在“浪子回头”。“种族灭绝的威胁”使犹太

① Jonathan D. Sarna. American Judaism: A History[M]. New Haven: Yale University Press, 2004: 255.

人“将精神成就上升到了前所未有的高度”。[①]1941年的《美国犹太年鉴》中写道：这一时期，美国犹太社团承担起犹太文化、社会和价值观复兴的重任，也成为世界范围内新的犹太文化中心。“当纳粹将欧洲犹太人化为灰烬时”，美国犹太人“正积蓄着力量，准备迎接充满着挑战和希望的时代”。[②]从20世纪30年代前后到第二次世界大战，美国内部的反犹主义和纳粹的反犹暴行激起了美国犹太精神和文化的复兴的动力，其中犹太教育的复兴成为了这场运动的先锋。

尽管面临着内忧与外患，这一时期的美国犹太教育仍然努力地回应了社团的危机与诉求，并且在保存实力的同时实现了四个方面的历史性发展。第一是犹太教育系统的整体结构更加完善，出现了各个层级和类型的学校和机构；第二是犹太教育专业化程度不断提高；第三是犹太教育的标准及课程研究得到强化；第四是以地方社区为中心的教育模式得到广泛认可。这些发展都对犹太教育在第二次世界大战之后的再次复兴有着深刻的影响。

（四）以复兴为主题的完善时期

20世纪中期至今是以复兴为主题的完善时期。20世纪中期，美苏冷战的现实让犹太人对世界局势的变动保持着警惕，他们一方面对年轻的以色列国给予持续的支持，为自己求得一份保障；另一方面也和其他民族一样，更加关注犹太精神文化生活和社会价值观的问题。而犹太民族若想在精神上强化自身，就必须恢复犹太教育在犹太生活中的至高无上的地位。为了实现这一点，美国的犹太社区及其领袖，必须对犹太教育的目标和内容有更加清醒的认识，必须给予犹太教育以更大的积极性、稳定性和连续性，使之成为犹太人的共同财富。要使犹太教育不断提升标准，作为一种创造性的智力资源服务于犹太人。犹太教育还应该将犹太人的个性发展与犹太群体的精神气质相结合，并且作为以色列国精神资源和美国犹太人之间的桥梁和纽带，从而为美国的民主制度贡献出犹太人的精神财富，并且将美国民主观念吸纳到犹太社区生活当中。[③]

---

① Mordecai M. Kaplan, Judaism as a Civilization: Toward a Reconstruction of American-Jewish Life. New York: Thomas Yoseloff, Inc., 1957: 76.

② Jonathan D. Sarna. American Judaism: A History[M]. New Haven: Yale University Press, 2004: 271.

③ Israel S. Chipkin. Jewish Education in the United States at the Mid-Century[J]. Religious Education, 1953.48(5): 327–350.

第二次世界大战后的二十年，被视为美国犹太人的“黄金年代”[①]。这一时期的犹太教育实现了快速发展，一方面采借新颖、丰富的教育形式，另一方面将犹太教育引向更为广阔和深化的学术研究领域，获得了美国犹太人广泛的兴趣和支持[②]。20 世纪 50 年代，欧洲的种族大屠杀、1948 年以色列国的成立、犹太人迁居郊区的运动，以及“二战”后美国宗教的普遍复兴使美国犹太社团发生了巨大的转变。这种转型影响了美国犹太人生活的各个方面，对美国犹太教育也产生了深刻的影响。这一时期，各类犹太教育得以复兴，学校教育同家庭、会堂的互动与合作不断增加，犹太教育的形式也越加丰富，其中犹太日制学校运动和高校犹太研究项目的发展最为突出。1993 年，有学者在研究报告中指出，接受过犹太全日制教育的人跨族裔通婚率更低，以犹太方式抚养自己下一代的可能性更高。全日制学校由此被视为解决犹太年轻一代在成长过程中缺乏对于犹太教和犹太身份的了解和认同的一种手段，成为对犹太延续性（Jewish Continuity）危机的一种有效回应。20 世纪末，犹太全日制学校的入学率骤升。学者马文·锡克（Marvin Schick）的一项研究表明，全美约有 185 000 名学生在犹太全日制学校接受教育，几乎占据了犹太学龄人口总数的 40%[③]。此外，高校犹太研究项目也在全美各大顶尖高校内如火如荼地开展，这些研究项目综合多个学科和视角，综合多种渠道和资源，深入挖掘犹太历史与文化，推动了美国犹太教育进一步完善和更深层意义上的复兴。总之，在这个时代里，美国犹太教育有着无数的创意、无数的方向、无数的理论，以及无数的可能性。

近年来，美国的犹太教育又有了新发展，其中犹太日制学校运动和高校犹太研究项目这两个最为重要。还有一些例如“追本溯源”运动、家庭教育、成年人强化学习项目等等也都在同步开展。在这个时代里，美国犹太教育有着无数的创意、无数的方向、无数的理论，同样也存在着巨大的不确定性。和过去一样，当前犹太教育领域的很多问题都是由一种危机感

---

① Hasia R. Diner. The Jews of the United States, 1654 to 2000[M]. University of California Press, 2004: 259.

② Jonathan D. Sarna. American Judaism: A History[M]. New Haven: Yale University Press, 2004: 280.

③ Schick, Marvin. 2000. A Census of Jewish Day Schools in the United States[R]. New York: Avi Chai Foundation.

引起的——也就是所谓的“犹太存续”（Jewish continuity）危机，以及对犹太生活认同程度逐渐削弱的担忧。在这个需要行动的时代，犹太领袖们正在向教育家们寻求帮助，来解决美国犹太人的危机，来维系美国犹太社团的存续。如今，犹太人在当代文明中回望历史，在多元文化中溯源寻根，犹太教育继续以新的姿态活跃在美国犹太社区。

二、美国犹太人价值认同教育的基本构成

透过美国犹太教育的价值嬗变和历史演进我们不难发现，美国犹太教育方面一直在试图维持一种谨慎的平衡，一边努力持守着犹太民族灿烂的文明与传统，一边努力在美国的社会和文化土壤中扎根立足。美国犹太教育在这几百年的发展历程中经历了几轮的兴衰往复，它始终积极回应外部环境的变化和犹太群体内部的需求，不断寻求更新与完善，以更多样化的面貌来回应多元化的需求和变化。在具体实践中，美国犹太教育逐步确立了服务于美国犹太群体与个体最根本需求这一目标指向，发生场域实现了从家庭到学校再到社会的拓展，实践模式也在一次次现实的、理性的选择过程中渐趋合理。从主流的发展趋势来看，美国犹太教育呈现出一种从传统转向现代、从封闭转向开放、从单一转向多元的整体走向。本部分将对美国犹太人价值认同教育的这些核心特征加以阐述和分析。

（一）以适应现代性变革为指向的教育理念

犹太人进入到现代世界，并非是一个内源性的孕育和生长过程，而是在外力的作用之下陷入其中，同过去急剧地断裂。这个现代的、世俗化的世界一方面赋予他们平等的发展机会，鼓励他们自我表达方式和集体组织方式的发展进步；而另一方面又如炼狱般捣毁他们的民主解放进程，让百万犹太同胞殒命，使犹太人的宗教、文化和身份认同经历了严酷、悲惨的考验。[①] 因此，现代性变革为犹太人提出的是一个关乎生死存亡的命题，他们要告别“父辈的世界”，走入更广阔的天地，为犹太族群和犹太文化寻得一条“生路”。“在犹太人大流散的历史当中，现代化在时间和空间上

① Paul Mendes-Flohr, Jehuda Reinharz. The Jew in the Modern World: A Documentary History[C]. New York: Oxford University Press, Inc., 2011, Preview xxv.

都不是均衡、一致的。”[①] 在犹太人现代化的道路上，美国成为了世界各地颠沛流离、惨遭迫害的犹太人的避风港，“美国具有包容性和多元性的强大传统将反犹主义限制在了社会领域之内，并没有迫使犹太人开始进行政治和意识形态的斗争。”由此，美国的犹太教育得以在更理性的语境下展开，并形成了与社会历史环境相适应的教育理念。首先是教育理念的现代性。犹太教育对个体和群体在精神层面的成长都起到了重要的推动作用。正是犹太人独特的历史境遇以及在此境遇下所形成的独特的人生观，使得犹太教育的内涵有别于其他民族。通过犹太教育来传承和丰富犹太文化遗产是每个犹太家庭乃至犹太社区的义务。美国犹太人逐渐意识到，犹太教育的目的不是抱残守缺，而是为了发展一种“与现代文明相和谐的犹太生活”[②]。他们开始以文明的角度来审视犹太教育，着力培养学生们对犹太人超越宗教层面，更加深层的忠诚感、自豪感和认同感。[③] 其次是教育理念的开放性。早期的犹太教育只是狭隘地关注希伯来语、圣经、祷告、塔木德等等。后来，美国犹太人意识到他们不仅要走出“生活的隔都”，更要走出“文化的隔都”。美国犹太教育鼓励学生们去“了解美国犹太社团的历史和发展进程，积极参与犹太组织和社团活动，为美利坚合众国的文化繁荣和社会福利贡献力量”[④]。犹太教育也推动了福利、文化、宗教等各类犹太组织的建立，这些组织机构都成为了在开放社会中吸纳进步元素，传承和发展犹太人的文化遗产和民族信仰的重要力量。最后是教育理念的多元化。许多著名的犹太教育家的思想都立足于美国多元文化的理念土壤，并认同约翰·杜威将美国视为一个多元化、异质性的社会的主张。[⑤] 约翰·杜威有关学校与社会相互依存问题的研究展现了民主社会如何影响儿童的个性发展，也展示了一所学校的科学标准、学习和活动的自由以及共同

---

① Paul Mendes-Flohr, Jehuda Reinharz. The Jew in the Modern World: A Documentary History[C]. New York: Oxford University Press, Inc., 2011, Preview xxv.

② Samson Benderly. Jewish Education in America[J]. Jewish Education 1949, 20(3):81.

③ Beth S. Wenger, History Lessons: The Creation of American Jewish Heritage[M]. Princeton and Oxford: Princeton University Press, 2010, 144.

④ Israel S. Chipkin. Jewish Education in the United States at the Mid-Century[J]. Religious Education, 1953, 48(5): 327-350.

⑤ Leo L. Honor. Unity in Diversity. Address to the Philadelphia Council on Jewish Education. Nov. 30, 1944.

努力会如何确保民主社会的运转。美国犹太教育丰富了美国宗教和文化的多样性，丰富了美式民主的原则与实践。与此同时，在美式民主理念和实践的指引下，美国犹太教育兼收并蓄、容纳多元，焕发出更强大的生命力。

美国犹太教育适应现代性变革的最典型的成果就是犹太女性地位的提升。在各类学校中女生的人数都逐渐增多，甚至一些原本只招收男生的正统派犹太学校也开始招收女学生。而且在大学和教师培训机构中，女性的比例大幅提高。尤其是在一些犹太研究的成人学校中，女性的比例甚至高于男性。这种转变主要有三个原因：其一是从小接受教育的犹太女性选择继续接受更高层次的教育；其二是继续深造能够帮助她们在犹太机构中找到教职或其他得体的工作；其三是犹太知识的学习有助于她们经营自己的家庭，女性所获得的犹太教育使犹太家庭中的犹太宗教习俗和文化价值观元素得以延续。犹太女性不仅逐渐获得了平等的受教育权利，同时也在创立学校、管理学校、教书育人等方面发挥着巨大的作用，并且坚持让自己的女儿和儿子们一样有上学的自由。拥有了知识和技能的犹太女性逐渐在社会分工的各个领域中要求平等的角色和地位，成为推动美国犹太社团发展的不可或缺的力量。

（二）以同构型身份认同为核心的教育目标

对美国犹太人而言，“犹太性”和“美国性”缺一不可。如何既做“美国人”又做“犹太人”是美国犹太人所遇到的最根本性的问题。像公立学校被视为美国社会的均衡器一样，美国犹太教育也被视为犹太生活的均衡器。19 世纪末 20 世纪初，有超过两千万移民涌入美国。为了让这些移民也能成为“美式良民”（good Americans），移民后代成为关注的焦点。当时美国还通过了强制入学法案让移民后代接受美国化的教育。公立学校通过宣扬盎格鲁 - 撒克逊的、新教的、中产阶级的、民主的“美国式”价值观，让社会和谐有序。随着第二代犹太移民大规模地抛弃父辈的传统，美国犹太社团的存续问题受到了严重的威胁。公立教育一方面促进了犹太人的个体发展，让他们在社会、经济和政治等方面的地位得以提升，另一方面也加速斩断了犹太后代与其族群的种族 - 宗教关联。此时，犹太学校教育的作用便需要得到彰显。从 18 世纪第一个会堂学校，到 19 世纪初的全日制犹太教派学校，再到 19 世纪中期的犹太主日学校运动的扩大，到 20

世纪初东欧犹太移民带来的犹太补习学校，犹太学校教育已经深深植根于美国犹太生活①，并且将构筑一种“美国–犹太”同构型身份认同作为根本宗旨。

在“犹太性”方面，犹太教育主要致力于培养犹太个体对犹太民族的身份认同及责任意识。艾萨克·温特门（Isaac Unterman）曾经说，犹太教育“必须承担来自未来的压力，必须要将大流散试图掠夺走的东西拯救回来，包括我们的语言、我们的风俗、我们的传统、我们的文化，甚至我们的灵魂。”② 在犹太传统中，教育被视为犹太民族的最高职责，关乎着民族的品格、理想甚至存亡。美国犹太教育要成为犹太人精神力量的来源，塑造犹太群体生活的特性，为犹太人树立行为准则，确立犹太个体与群体之间的相互责任，建立犹太精神文化遗产不断传承的自我保护机制。犹太教师们常常会为学生讲述带有传奇色彩的犹太英雄故事，并引导他们认识到，作为个体的英雄固然伟大，但更伟大的是作为一个整体的犹太民族③。

在“美国性”方面，犹太教育主要致力于让美国犹太人摆脱“自我与他者”的对立视角，关注“两重身份”的统一性。这种统一性既植根于共同的历史，又面向着共同的未来。美国犹太历史教育一直把犹太人在美国历史中的参与和贡献当作最重要的主题之一，教育学生们美国犹太人是美国历史的缔造者，美国犹太历史和美国历史不可分割。著名的犹太历史学家李·莱文格（Lee Levinger）在他所编撰的历史教科书的开篇就写道：“犹太人早在美利坚合众国赢得自由之前就已经生活在这片土地上了，他们为之奋斗、为之牺牲，并且热爱美国伟大历史上的每一个时期。”④ 同时，犹太教育者们始终强调，“犹太生活不会妨害到我们作为美国公民的权利，更不会与我们作为美国公民的义务相冲突”，犹太传统“与美国建国的基本原则完美兼容，并且起到至关重要的作用。在这些原则的基础上，美国正

① Barry Chazan, Robert Chazan, and B. M. Jacobs. Cultures and Contexts of Jewish Education[M]. Springer International Publishing, 2017: 95.

② Issac, Unterman. Jewish Education[M]. Philadelphia: Federated Press, 1944: 33.

③ Beth S. Wenger, History Lessons: The Creation of American Jewish Heritage. Princeton and Oxford: Princeton University Press, 2010: 151–152.

④ 同上书：135.

在建立一种人类自由和幸福的美妙的制度结构。”[①]

（三）“家庭—学校—社会”协同的教育场域

和一般意义上的教育一样，犹太教育的发生场域也非常广泛，除了学校之外，还包括家庭、会堂、社区、人际交往，甚至包括自我教育等等。美国犹太教育的发生场域经历了两次重要的变迁，逐渐形成了“家庭—学校—社会”协同的格局。

第一次变迁是从家庭到学校的转变。犹太人非常重视家庭生活，但是随着犹太教及犹太生活方式的衰落，曾经承载了犹太宗教与文化教化作用的犹太家庭和犹太会堂已经失去了原有地位。1913 年，一项为美国教育部做的有关移民儿童的犹太教育问题的研究指出，曾经承载了犹太宗教与文化教化作用的犹太家庭和犹太会堂已经失去了原有地位，责任落到了学校上。于是本质上为了维持和延续犹太性的犹太补习学校开始扮演更为重要的角色。新型犹太人在原有的种族和文化遗产中加入了世俗的元素。教育的中心从宗教教化转变为广义的文化教育，传递犹太价值观的责任也从父母转移到了学校及相关组织。公立教育是犹太移民进入到美国社会的必要条件，犹太教育成为了辅助（通常在公立学校的课后进行），因此犹太学校需要在形式、教法和理念上与公立学校保持一致。

另一方面，美国政府也非常重视教育，希望通过教育让公民更好地参与到代议制政府和自由市场经济当中。在美国，学校是教育下一代年轻人的主要手段。政府之所以资助教育，是出于以下原因：保障基本权利，维持法律与秩序，提高生产力，最重要的是培养公民良好的品质，因为只有具有公德心、勤勉正直的公民才能够更好地参与到代议制政府和自由市场经济当中。因此，为了维护民主制度和精英政治，美国人民非常重视教育。人们认为相对于家长而言，学校在塑造下一代方面负有更重要的责任。随着学校的地位不断提升，职能不断扩大，数量不断增多，学校教育（Schooling）甚至成为了教育（Education）的同义词[②]。在此背景下，犹太教育的核心场域也从家庭、会堂转移到了学校当中，并且逐渐形成了一套

---

① Arthur A. Goren, New York Jews and the Quest for Community: The Kehillah Experiment, 1908-1922[M]. New York: Columbia University Press, 1970: 98.

② Barry Chazan, Robert Chazan, and B. M. Jacobs. Cultures and Contexts of Jewish Education[M]. Springer International Publishing, 2017: 85-86.

渐趋完备的学校教育体系，包含幼儿园、小学、中学、大学、高等犹太教育机构以及成人教育和特殊教育培训学校等等。

第二次变迁是从学校向社会的拓展。伴随着犹太的人口流动和族际通婚，在学校中接受正式犹太教育的人数总体上呈现下降的趋势，然而犹太教育的可能性空间却也因此变得更加广阔。20 世纪八九十年代，对犹太延续性的担忧使得美国犹太社区再次致力于传统犹太教育的复兴，各地的犹太联合机构和私人捐赠者都开始致力于犹太教育的发展。近些年，犹太领袖们和慈善家们对于美国犹太教育的兴趣越来越浓厚。相关讨论的焦点是犹太青少年拥有何种重要的、具有变革性的教育经历，才能让犹太成年人更有兴趣参与到犹太事务中。围绕着教学质量与教育方式和学习环境之间关系的研究还推动了其他替代性犹太教育方式的出现。年轻一代的犹太教育者更加青睐犹太教育营等社会实践类的教育方式，且这些教育形式的补充比原本单纯的学校教育更加经济、有效，因此社会成了犹太教育的重要场域。犹太夏令营、海外游学项目、成人教育培训项目等多种犹太教育实践活动，成为犹太学校教育的有益补充，连同犹太家庭教育的传统，形成了“家庭—学校—社会”协同的场域格局。

在场域变迁的形式背后，本质上是美国犹太教育已经上升到了美国犹太文化的层面，并且随着时间推移不断发展进化。首先，学校教育成为美国犹太文化的重要组成部分，每个犹太人都曾在某个阶段以某种方式参与到其中；其次，犹太教育本身就是受美国犹太文化影响而形成的产物，通过社会、政治、思想道德观念、传统、习俗和信仰等方面来具体呈现出美国犹太社团的年轻一代应该如何思考、如何感受、如何行动[①]。

（四）兼顾族裔特色与主流话语的教育模式

美国犹太教育模式的演进，实际上是犹太人兼顾主流模式与犹太特色而做出的策略性选择。首先，犹太人没有固守欧洲的犹太教育模式，而是将犹太教育进行了适度的美国化改造——主要包括对语言教育的调整、对世俗教育的认可以及对学校教育的重视等等。很多当代的犹太教育者将这些看作是理所当然的，但是同一时期的东欧犹太教育则走上了完全不同

① Barry Chazan, Robert Chazan, and B. M. Jacobs. Cultures and Contexts of Jewish Education[M]. Springer International Publishing, 2017: 83-84

的道路，对传统的固守使东欧的犹太教育塑造出更倾向于文化分离主义（Culturally Separatist）的犹太人[①]，最终导致了东欧犹太社团的没落。其次，在美国公立学校运动中，犹太人选择了新教徒所提倡的公立教育模式，而非天主教的教区模式。新教模式认为，道德观念、普世价值、爱国主义、公民教育和关键技能都应该在国家资助的公立学校中教授，而那些宗教戒律和习俗可以在不同宗派赞助的补习学校中分别开展教学。著名的犹太拉比怀斯（Isaac Mayer Wise）曾说："我们坚定不移地认为，青年一代的教育是国家的事，宗教方面的教导才是宗教团体的职责所在。二者应该互不干涉。"[②] 最终，公立学校的世俗化变革，犹太人对天主教分离主义的敌意，以及有意识地将犹太人纳入到美国教育建构中的努力，使犹太人加入了新教模式的公立教育阵营，同时还积极发展具有犹太特色的教育，作为对公立教育的修正和补充。最后，美国犹太教育还形成了统一下的多元模式。受到美国教育体系和模式的影响，犹太教育的自主权也被下放到了社区和会众。到 20 世纪中期，犹太学校的数量逐渐增多，类型也逐渐丰富，几乎每个犹太社区都有一套完整的犹太教育系统。在这套系统里面，包含着从幼儿园到高校的各级学校。尽管不同教派的犹太教育存在着差异，但是因为他们同属于犹太民族，生活在一片土地上，有着共同的过去和未来，因而在犹太教育内容的核心要素上基本保持了一致。不同社区的犹太学校要接受自身所隶属社区的监管和教学方法指导，以保证学校的运营与美国民主原则一致、与犹太社团整体利益一致，实现统一下的多元。

1944 年，不同类型的犹太学校的负责人在犹太教育委员会的召集下在纽约会面，他们发布了一个联合的教学内容大纲，包含了七个方面：

1. 托拉。托拉代表着犹太民族千百年来的文学和精神财富，它的不断发展和充实，展现出犹太人的生活方式，以及犹太民族的社会理想。托拉自古以来一直是犹太民族创造力、文化和宗教的源泉。

2. 犹太生活方式。这意味着要按照托拉中的生活方式来指导个人行为。犹太人需要遵守道德律令（尽对上帝和人类的义务），遵守犹太的习俗和

---

① Jonathan D. Sarna. American Jewish education in historical perspective[J]. Journal of Jewish Education, 1998: 64(1-2).

② 同上。

准则。

3. 希伯来语。希伯来语是犹太民族伟大文学遗产的宝库，也是犹太文化丰富多样的表达工具。犹太人在很多场合仍然需要运用希伯来语，例如在犹太会堂祷告的时候，阅读以色列出版发行的当代书报的时候。

4. 犹太民族。这类内容的教育隐含着犹太个体对犹太民族的身份认同，以及个体对其他犹太人的责任意识。对于犹太民族历史和当下的了解，有助于个体智能的发展和群体责任感的培养，从而实现犹太精神文化遗产的传承和自我保护机制的建立。

5. 以色列国。以色列国和希伯来语一样，无论是在过去还是在现在，都和犹太民族有着密不可分的联系，在犹太传统和宗教祷告中到处都看得到它的影子。犹太人通过典籍著作来再现以色列国的光彩，在现实中也一直渴望国家的重建。如今，以色列国的建立为那些长期流离失所、饱经苦难的犹太人提供了庇护所，也为每一个仍然心系犹太同胞的人们增添了一份责任。

6. 美国的犹太环境。美国犹太人和犹太学校都离不开美国这个大环境。这意味着要教育学生们了解美国犹太社团的历史和发展进程，参与犹太组织和社团活动，为美利坚合众国的文化繁荣和社会福利贡献力量，保护犹太人在美国的平等地位不受反犹主义和其他反美势力的影响。

7. 信仰。学生们要信仰上帝，信仰建造更加美好的世界和人类的伟大理想，建立起一个更加完善的民主的世界秩序。

尽管不同的学校在具体犹太知识的解读、授课时间的安排以及价值观传播的方式方法等方面存在差异，但是在两个前提上，各个学校都是一致的。第一是对延续和传承犹太民族及其精神财富的渴望，第二是应对环境变化适时做出调整的意愿。在这两个前提的基础上，不同的犹太学校有机地关联在一起的，致力于创造一种兼顾族裔特色与主流话语的教育模式。①

三、美国犹太学校类型及其价值认同教育

要想对美国犹太教育加以清晰准确地分类是非常困难的，因为美国犹

① 参见 Israel S. Chipkin. Jewish Education in the United States at the Mid-Century[J]. Religious Education, 1953,48(5).

太教育实践活动的背后反映了美国犹太人多种多样的宗教和意识形态信仰，可以说每所学校的办学理念、组织架构、课程设置、投入成本、师资力量和学生成就等方面都存在着差异。如果按照学时来进行划分，美国犹太教育主要有三类：第一类是每周上一天课的犹太学校，为犹太儿童提供基本的犹太教育；第二类是平日放学后上课的犹太学校，为学生提供扩展的犹太教育；第三类是全日制上课的犹太学校，为学生提供密集的犹太教育。如果按照教育的治理类型来加以分类，则主要有四个基本类型：其一是由会众控制的学校（under congregational control），其二是由社群控制的学校（under communal control），其三是受特定教派或意识形态运动控制的学校（governed by particular religious or ideological movements），其四是完全私立化、独立化的学校。诸如此类的类型划分不胜其数。为了避免重复或遗漏，本书采用美国犹太教育研究领域较为普遍的按照学制来划分的方式，本书将按照全日制和补习学校两大类型来介绍美国犹太教育的实践模式。

（一）犹太全日制学校的价值认同教育

犹太全日制学校是私立性质的学校，教授学生们犹太课程和世俗教育的课程，类似于美国的其他教区附属学校。尽管犹太全日制学校并非美国犹太教育的主流，但是越发扮演着重要的角色。全日制学校最初由英属北美洲的犹太人开办，并一直完好地持续到 19 世纪。到南北战争期间，美国日益壮大的公立学校体系摧毁了犹太全日制学校存在的基础。战后，犹太教育又实现了复兴。东欧移民于 1886 年在纽约市开办了一家全日制学校，作为虔敬的传统主义者，他们担心文化适应将导致同化，为了拯救年轻一代的犹太灵魂，为了犹太教的传承，他们将全日制学校的教学重心放在宗教课程上。[①] 全日制学校的全盛期与犹太移民涌入的高峰期是同步的。后来，由于犹太人经济和社会地位的提高，他们逐渐迁移到不那么拥挤逼仄的地区生活，并在那里建立起地方性的会堂和学校。新型犹太社区中的塔木德律法学校转型成为由会众控制的平日课后学校和主日学校。转型后，塔木德律法学校学时减少，学业标准也随之下降，教师地位也逐渐降低，这使得平日课后学校的地位被大大削弱。在此情形下，有些犹太家长渴望

① ［美］雅各·瑞德·马库斯著，杨波等译. 美国犹太人，1585-1990年［M］. 上海：上海人民出版社，2004：285

加强犹太教育。他们认为原有的学校模式已经无法将伟大的犹太典籍和宗教遗产传递给下一代，于是便建立了一种新型的全日制犹太学校。

全日制犹太学校建立之后便迅猛发展，但是不同犹太教派的全日制学校略有差异。正统派兴办的全日制学校（Yeshivah Ketanah）更加强调塔木德的重要地位。他们一般上午进行希伯来语祷告和宗教学习，下午学习美国教育部所要求的世俗和英文课程。这两套课程分别配备不同的教师，并且使用不同的语言。保守派的全日制学校并没有把塔木德置于最重要的位置。而在意第绪语学校中，对宗教礼仪的重视程度进一步降低了。全日制犹太学校和公立学校的学时相当，甚至还更多于公立学校。一般来讲每周上 5 天课，每天学时大于 6 个小时，全年累计学时在 1200 小时左右[①]。

现在，犹太全日制学校的基本设置及职能都与典型的美国式学校无异，而又兼具私立学校的职能和特点。其主要职能包含三个方面：第一，提供犹太教育；第二，提供高质量的通识教育，以便与公立学校竞争，而且让学生更好地适应高等教育和职业生涯；第三，构建一个包含犹太学生、家长、教育者及其他利益相关者在内的犹太社区，一同致力于全日制的犹太教育，从而进一步实现犹太生活的延续。犹太全日制学校一般进行双重课程设置（the dual curriculum），即标准化的常规课程（包括英语语言艺术、科学、数学、社会研究等当地教育部门要求设置的课程）和专门的犹太课程（圣经、希伯来语、犹太经典、犹太典礼和仪式、祷告文本和技能、犹太历史、犹太价值观和信仰、以色列国的知识等）。

大多数犹太全日制学校都不隶属于特定的会众或会堂，尽管他们大部分都与犹太教的三大教派有所关联。改革派和保守派犹太人是公共教育的热心支持者。公立学校被看作是不同背景的孩子们互相结识并且互相学习的安全场所。犹太人常常反对种族隔离式的教育，因此很多犹太人认为犹太全日制学校是过时的，已经不适合现代世界。例如，1870 年，杰出的改革派犹太领袖艾萨克·怀斯拉比说："年轻人的教育问题是国家的责任，而宗教的指引是宗教主体的责任。二者不应该互相干预。"与改革派和保守派犹太人相反的是，正统派犹太人将全日制学校看作是教育后代的唯一途径。

---

① 参见 Israel S. Chipkin. Jewish Education in the United States at the Mid-Century[J]. Religious Education, 1953,48(5).

大部分正统派全日制学校隶属于一个叫 Torah Umesorah 的联盟组织。这个组织提供课程、教师培训、就业服务以及对正统派教育共同体的特殊性支持。尽管大多数犹太全日制学校都使用希伯来语，但是一些正统派全日制学校仍在使用意第绪语作为教学语言。

20 世纪末，犹太全日制学校的入学率骤升。2000 年 Marvin Schick 的一项研究表明，全美的犹太全日制学校共有 185 000 名学生。其中有三分之二分布在纽约或新泽西，这与当地较大的正统派犹太人口基数是显著相关的。事实上，1998 到 1999 这一学年当中，正统派学校的人数占据了全部犹太全日制学校录取人数的 80%。对于改革派和保守派犹太人，全日制学校是作为解决犹太年轻一代在成长过程中缺乏对于犹太教和犹太身份的了解和认同问题的一种手段。作为对犹太延续性危机的一种回应，新的全日制学校在美国突然涌现。1993 年的一项研究表明，在犹太全日制学校接受了教育的孩子的通婚率更低，以犹太方式抚养孩子的可能性更高。总而言之，犹太全日制学校同当地最好的公立学校和私立学校相竞争，同时还为犹太社区的发展和延续做出了贡献。尽管它面临着包括招生、师资、资金以及课程兼容性等方面的诸多挑战，但是有大批曾经接受过犹太日制学校教育的犹太领袖都认为犹太全日制学校不仅对学生们的升学和个人发展是有促进作用的，而且对于犹太群体的存续也有重要价值。

（二）犹太补习学校的价值认同教育

犹太补习学校是美国犹太学校教育的主流形态。补习学校的存在和发展反映出在美国语境下创造出现代的犹太教育系统所取得的成就以及面临的困境。尽管有人诟病这种教育类型目标不清晰，课程比例不均，教学内容无价值，组织结构松散，教学时间受限等等，但直到今天，绝大多数的美国犹太人都是犹太补习学校的产品。更重要的是，补习学校的最大成就是它存在的持久性，这种教育系统能够与改革尝试相适应，不论是在何种时间和地点，补习学校都是犹太教育创新的先驱者。在美国犹太补习学校的发展历史上，最突出的贡献者是萨姆森·班德利。班德利自称为一个“梦想家”，他拥有犹太教育历史上最为质朴的思想。首先，他理解美国的犹太教育一定要植根于美国犹太人的生活。他担心隔都化（ghettoization），因此反对日制学校；他担心新教化（Protestantization），因此反对在公立学校宣扬宗教。据此，他为补习学校（supplementary schools）系统提供了一种理念基础，这种模式在 20 世纪的美国犹太教育中占据了主导地位。在犹太补习学校中，根据上学时间的差异又可以分为犹太主日学校和犹太平日课后学校两类。

1. 犹太主日学校（Jewish Sunday School）

犹太主日学校指的是每周上一天课的犹太学校，大部分课程安排在周日，故称之为主日学校。在美国，主日学校的形式被广泛采用实际上是受到了美国国内环境，尤其是实用主义价值观的影响。这类补习学校在犹太传统中是不存在的。过去，犹太人一般在星期六，也就是安息日的时候进行犹太学习，并且检查孩子们的学习情况。那时的犹太教育是日常性质的，而非补充性质的。实际上，这种补习学校是清教徒对宗教教育的贡献，它代表了对公立学校的修正和补充。而在公立学校兴起之前，美国的儿童一直在各个宗教派别兴办的学校中接受教育。1838 年，Rebecca Gratz 在美国的费城建立了第一所犹太主日学校。同年，在查尔斯顿又成立了另外一所主日学校。这两所学校在性质上都是公共性和慈善性的，目的都是为犹太青少年提供缺失的犹太教育。犹太主日学校在美国广受欢迎主要有两方面的原因：其一，主日学校的形式让孩子不必同时去两类全日制学校学习，不会造成过多的负担；其二，在当时的条件下，也没有更加吸引人、更加有效的犹太学校教育能够提供给犹太儿童。尽管不同的主日学校在教育理念和课程设置上存在差异，但基本都采用英语授课，有些主日学校也会教授希伯来语和意第续语。主日学校对于教师们的职业训练和要求也越来越高，教师大多同时供职于公立学校，要么就是有公立学校的教学经验。主日学校的学时一般是每周 2 个小时，每年大约上 30–35 周，每年累计学时 60–70 个小时，学制一般是 6 到 8 年。

圣经故事和教理问答在主日学校的犹太教育当中占据着支配地位。背诵是非常主要的，19 世纪的美国课堂里普遍如此。这一时期，犹太人非常注意将自己的宗教信仰与基督教加以区分。早期，犹太主日学校的教科书里会把犹太教与基督教之间的差异明显地描绘出来，因为当时的教科书都是直接从基督教学校的教科书照搬过来的，因此教师们会把那些与犹太教相冲突的地方遮盖住。再后来的一些教科书开始淡化宗教矛盾，宣称自己完全没有宗派主义的立场，即使书籍是用希伯来语编撰的，但是对于基督教的学校们来说也有着重要意义。有很多证据表明，随着宗教之间关系的缓和，犹太教育者已经不再向孩子灌输宗教纷争。除了教学内容与公立学校、基督教学校类似之外，犹太主日学校还同他们一样宣扬中产阶级的价值观：守时、顺从、清洁、自律、节约、规矩。在课堂之外，犹太主日学校运动也引发了美国犹太社区关于犹太教育管理问题的一场至关重要且延续至今的讨论。类似于当前人们对公立教育应该加以集中管理或是自主管理的争论，犹太人在会堂是否应该掌握教育职权这个问题上也产生了分歧。犹太主日学校的创立者 Rebbeca Gratz 尽管是会堂的忠实信徒，（Philadelphia's Mikveh Israel Synagogue）但仍认为犹太主日学校应当由独立的公共机构来进行管理。她的这个想法的确得以实现了，但是在其他城市，犹太主日学校都是会众控制（congregational control）。随后，在改革运动当中的希伯来主日学校联盟（成立于 1886 年）试图将许多犹太主日学校的进行集中管理，并且配备统一的课程。

犹太主日学校运动的重要性是毋庸置疑的。犹太主日学校的建立是追随其他宗教群体的步伐，为了将新教模式与犹太教相适应而做出的努力。对于这个问题的解决，实际上他们是把做美国人和做犹太人象征性地划分到了两个领域，可以看作是政教分离在教育领域的对应产物——平时，犹太人在公立学校里学习；周日，他们在专门为犹太人开办的主日学校里学习。公立学校与主日学校二者互相补益。毫无疑问，这种时间分配上的不平衡显示出宗教教育处于次要地位。这一时期的犹太主日学校心照不宣地接受了新教学校关于普遍道德与特殊道德的分类教育。

2. 平日课后学校（the Weekday Afternoon School）

除犹太主日学校之外的另外一种主要的补习学校类型就是平日课后学校。这类学校一般每周 4 到 5 天，每周 6 到 7.5 小时，每年累计上课 285 个小时左右。一般来讲学制 2-3 年。但越是传统的学校，学制就越长，甚至会达到 6 年。学生们一般在 9 到 10 岁前后入学，也有些学生只是在 13 岁成人礼之前才入学进行集中的犹太学习。课后学校由会堂或公众来进行运营和管理。在平日课后学校当中，有以下三个主要的类型。

第一，塔木德律法学校（Talmud Torahs）。塔木德律法学校多属于正统派，也有的属于保守派。塔木德律法学校在犹太历史上是有渊源的。延续塔木德课程，尤其是面向穷困的孩子教授塔木德知识，是犹太社团的宗教义务，一直被犹太人虔诚地遵守着。塔木德律法学校由社区进行管理，主要是为那些穷困家庭的孩子提供教育。塔木德律法学校在美国取得了成功，并且呈现出一种独特的美国形式和特质。在东欧，犹太人始终没有获得平等的教育权。移民到美国后，他们在民主的庇佑下投入到公立学校的怀抱，成为其忠实的拥护者。但与此同时，他们一直心系着犹太教育，于是塔木德律法学校迅速成为了公立学校的补充，并且在运行模式上与公立学校保持基本一致。塔木德律法学校通常有自己的校舍，分年级上课，由社区出资赞助，并且吸引了很多从欧洲移民而来的教师。这些人多是学识渊博的理想主义者，在欧洲遭受迫害、处境艰难，因而逃难到美国。塔木德律法学校为后来的中学和教师培训学校的建立奠定了基础，这里还培养出了很多人才，后来成为了希伯来语教师或者是拉比。在 20 世纪中期前后，随着犹太人口结构的转型，社区福利基金逐渐成为了塔木德律法学校的主要资金来源。

第二，犹太宗教小学（Heder）。东欧犹太人将塔木德律法学校带到了美国，随之而来的还有犹太宗教小学。犹太宗教小学是 20 世纪早期尤为流行的私人学校模式。学生以东欧移民后代为主。这种学校模式在欧洲已经存在了许久。在美国，开设犹太宗教小学的老师从家长那里获取薪资，教孩子们读希伯来语的祷告书，背诵一些祷告词。犹太宗教小学成为专业教育者最热衷抨击的对象，他们认为这里的教学条件肮脏、落后、原始。然而，1909 年纽约的一项调查显示，在纽约所有接受过系统的犹太教育的犹太儿童当中，超过三分之一的人是在犹太宗教小学中接受的犹太教育。犹太宗教小学是私立性质的，授课地点常常就是授课教师家中的一个房间（Heder 在希伯来语中的意思即为"房间"）。这些教师们多为年长的犹太移民，他们无法适应美国环境。相较于公立学校，学生们能够在犹太宗教小学获取的知识和技能较少，因此它的吸引力也越来越低，逐渐失去了在美国的生存土壤。

第三，意第绪语世俗学校（Yiddish Secular School）。在美国内战之前，美国犹太教育还包括一种意第绪语世俗学校，这种的课程设置与主日学校、heder 和塔木德律法学校都不同。截止到 20 世纪 30 年代，在接受过各类犹太教育的儿童中，有 10% 的人是参加了这类学校。而对于纽约而言，这个比例达到了 20%。所有的意第绪语世俗学校都强调意第绪语和意第绪语文化的学习，并且将激进的（leftist）、人文主义的价值观传递给下一代。这类学校的目标包括教育犹太儿童有关“劳工的生活以及那些生活在美国国内外的大批犹太人的生活”，目的是培养他们的“正义感，对那些受压迫同胞的同情心，对自由的热爱，以及对那些为自由而战斗的人们的热爱”[①]。意第绪语学校在意识形态和政治倾向上存在着很大的差异。事实上，这些学校由于对犹太复国主义和共产主义的态度，以及宗教和文化观点存在分歧，因此内部出现了分裂。到了 20 世纪 30 年代，意第绪语学校内部的意识形态分界逐渐变得模糊，大部分学校都将关注的重点放在犹太文化和意第绪语的教学上面。这些学校不但在政治问题上存在分歧，在希伯来语的教学比重、对宗教内容的强调程度上也有不同意见。总体而言，意第绪语学校核心的教学内容是犹太历史与文化，但是每个学校的侧重点各有不同。尽管这类学校存在着诸多差异，但是它们都反对阶级压迫，并且比其他犹太学校更富有国际视野。一些意第绪语世俗学校的老师认为公立教育加深了犹太人代际之间的矛盾和割裂，Yankev Levin（Workmen's Circle 学校的创始人）甚至指出，公立教育传递了资产阶级的价值观，在工人运动方面向孩子们传达了错误的认知[②]，因此他们更加珍视自己教学的重要价值。

美国著名的犹太学者乔纳森·萨纳指出，“归根结底，犹太教育是一种工具，通过这个工具去训练一代又一代的犹太人在美国的舞台上以犹太人自己的方式取得成功。学校就是这种训练的正式场所。”[③] 尽管有些人指责美国犹太教育是美国犹太社团的“继子”，没有得到足够的尊重和重视；也有人指责犹太学校的办学条件日益改善而犹太教育的水平却日益下降，但是通过对美国犹太教育历史演进、核心特征和实践模式的分析我们可以发现，任何试图全盘否定或抹杀美国犹太教育历史意义的观点都是不充分的。美国犹太全日制学校、高校犹太研究项目和形式各异的实践类犹太教育项目都取得了巨大的成功，美国犹太教育日益成为犹太社团振兴与社会变革的媒介，为美国犹太人的价值认同缓解现实张力起到了“均衡器”的

---

① Lloyd P. Gartner. Jewish Education in the United States: A Documentary History[M]. New York: Teachers College Press, 1969: 20–21.

② 参见 Beth S. Wenger, History Lessons: The Creation of American Jewish Heritage[M]. Princeton and Oxford: Princeton University Press, 2010: 140–150.

③ Jonathan D. Sarna. American Jewish education in historical perspective[J]. Journal of Jewish Education, 1998: 64(1–2).

作用。

通过研究我们发现，实际上正如我国思想政治教育学界不断致力于价值观念的引导以及价值秩序的建构一样，美国犹太人也在通过教育来尝试处理其价值认同层面所面对的矛盾和张力。因此，美国犹太教育究其实质而言是美国犹太人持守本民族文化传统、融入美国主流价值系统、构筑“美国人－犹太人”同构型身份认同的一种思想政治教育活动。作为一种美国思想政治教育的特殊类型，犹太教育长期致力于本民族文化传统的继承发展，并将之自觉融入美国社会主流价值观的建设之中，从而形成了“美国人－犹太人”内在同构型的身份确证与价值认同模式。这种模式在三百多年的历史赓续之中，始终面临着宗教与世俗、政治与文化、传统与现代、主流与边缘的张力和矛盾，并基于犹太族裔自身的生存与发展需要，产生了一系列富有成效的调整调适与教育引导之策。这一独特的历史境遇和实践特点对于我们全面深入地把握国外思想政治教育名称与实质、内容与形式具有重要的启示意义。

第六章

美国犹太人价值认同研究的启示

一般而言，有关“认同”的研究总会联系到我国“国家认同”或“民族认同”的话题，并从相关的角度为我国的“国家－民族”建设提供启示借鉴。但是由于美国犹太人及其价值认同的特殊性，这样的思路显然是不合适的。对于美国犹太人而言，他们所共同构成的是一个剥离了政治疆界化的人群范畴，这些人属于一个由文化（宗教、语言等）和社会体系联结的共同体，因此以族群（ethnic group）来界定美国犹太人更加贴近该群体的实质属性。然而，中华文化的特质是一种非无神论的世俗性，“华夷之辨”主张“有教无类”，族际交往主张“和而不同”，我国的56个民族所处的历史背景、制度设计与社会场景同美国犹太人的情况完全不同。① 因此，本书无意将美国犹太族群问题与我国少数民族问题加以强行对应，而是着力探究如何在“复杂现代性”背景下理性审视价值认同的内在张力，又如何在全球化背景下的文化互动场域中依据历史文化传统与精神特质来确立价值认同的合理目标，进一步站在思想政治教育的学科立场，探寻社会主义核心价值观培育的价值认同路径。因此，本章将重点结合这些方面，探讨美国犹太人价值认同研究的启示意义。

一、把握复杂现代性背景下的价值认同张力

美国犹太人价值认同的内在张力突出表现在传统与现代的历史张力、宗教与世俗的信仰张力和犹太人与美国人的身份张力这三个方面。我们分析美国犹太人的价值认同，并不是要将相同的分析框架和模式套用在我国

① 马戎．从犹太人到以色列国的历史启示［J］．思想战线，2018（3）．

的具体实践上，而是要结合我国当前的历史社会背景通过具体的分析来解决具体的问题。

（一）以开放的视野辨识价值认同的建构场景

价值认同是新时代的中国面临的一个极端重要的问题。体认这个问题的时代意义，探索问题解决的现实路径，我们既要立足本土，又要放眼世界。环顾世界，我们发现，有些文明已经在历史车轮的碾压下消亡了；有些文明尽管保存着其表面的形态，但本质上已经发生了很大的变化；而有一个文明却像蒲公英一般，离开了故土家园，流散到世界各地，历尽千难万险，却奇迹般地保存了文明的种子，并且在世界各地落地扎根、开花结果。这就是犹太文明。

美国著名的宗教领袖摩迪凯·开普兰曾说道："一种文明只有当那个实践着它的民族帮助自己的个体男女去实现生活富足或获得拯救时才算履行了本身的功能。"[①] 从这个意义上来看，美国犹太人便是犹太文明履行其功能的最佳证明。通过研究我们发现，美国犹太人这个群体在当代犹太文明的版图中格外值得关注。尽管他们的人口数量只占美国人口总数的不到3%，但却是政治、经济、文化地位都举足轻重的"关键少数"。从19世纪中叶南北战争到20世纪20年代，美国推行了近60年的美国化运动，目的就是把来自世界各地的移民熔铸成美国人，把来自世界各地的文化同化为美国文化。然而，在美国如此强势的盎格鲁－撒克逊文化背景下，犹太文化依然顽强地保存了自身，甚至有力地发展了自己，美国也因此成为第二个犹太文化中心。这其中最为关键的环节，就是世世代代犹太人对自身文明所蕴含的核心价值理念的深层认同和共同坚守。通过审视犹太文化的发展历程，我们发现，犹太人的价值认同建构早已处于一种开放的环境之中，而且随着时代的发展，这种开放的程度呈现出越来越高的趋势。

历史上，犹太文明也曾有过内向化发展的时期，以犹太隔都的建立为主要标志。隔都象征着中世纪犹太文化走向内在化的最顶点，它的存在几乎断绝了犹太文化与外部世界的交流往来。因此在这一时期，隔都内部的犹太文化失去了发展的活力，也停下了变迁的脚步，"从而陷入塔木德主

---

① ［美］摩迪凯·开普兰著，黄福武、张立改译．犹太教：一种文明［M］．济南：山东大学出版社，2002：468.

义的精神世界之中不可自拔”。也正因如此，原本处于犹太文化中心地位的西欧犹太世界迅速衰落，反而是东欧的犹太文化获得了重要的进步和发展。[①]正是基于这样的历史教训，当隔都的高墙被打破之后，犹太人热情拥抱了开放的现代世界。他们尽管珍视传统，但同时也明白，犹太传统只不过是一种“有用的过去”，只能供人们进行重新思考和调整，从而使“当前”更丰富和更可行。犹太遗产这个整体并不是一种用来针对目前指手画脚和指责目前缺这少那的东西，而是一个巨大的宝库，其中的绝大部分都可以用来作为当代犹太建设事业的原材料。[②]因此，犹太人以传统为蓝本来建构崭新的犹太族群，在开放的世界里大展拳脚，从而发展成为今天这样一个仍然充满生机和活力的族裔。

当代中国在解决价值认同建构的问题时，我们也要首先认清当下空前开放的现实场景。习近平总书记曾经说过，“一个国家、一个民族要振兴，就必须在历史前进的逻辑中前进、在时代发展的潮流中发展。”[③]那么，结合当代中国的时空环境和历史际遇，总书记所讲的前进的逻辑和发展的潮流，主要表现为现代化和全球化这两大历史主题。在这样的时代背景下，我们拥有更多的机遇，也面临更大的挑战。一方面，“近代以来久经磨难的中华民族实现了从站起来、富起来到强起来的历史性飞跃”，“我们比历史上任何时期都更接近实现中华民族伟大复兴的目标，比历史上任何时期都更有信心、更有能力实现这个目标”。而另一方面，我们也面临着传统与现代，现代与后现代，东方与西方，自身与外来之间重重张力关系的严峻考验。在社会现代化转型的过程中，我们如何处理伴生而来的“普遍性的价值观念的震荡与困惑”[④]；在“中国开放的大门”“越开越大”[⑤]的背景下，我们如何处理好本土和外来的关系，这些都考验着我们的文化智慧和执政智慧。

---

① 张倩红，艾仁贵 . 犹太史研究入门［M］. 北京：北京大学出版社，2017：152.

② 1981年序——纪念摩迪凯 · 开普兰诞辰一百周年［A］.［美］摩迪凯 · 开普兰著，黄福武、张立改译 . 犹太教：一种文明［M］. 济南：山东大学出版社，2002：9.

③ 习近平出席博鳌亚洲论坛2018年年会开幕式的主旨演讲［EB/OL］. http://www.xinhuanet.com/2018-04/10/c_1122659873.htm

④ 孙正聿 . 哲学通论（修订版）［M］. 上海：复旦大学出版社，2016：178

⑤ 习近平出席2018年“全球首席执行官委员会”特别圆桌峰会时的讲话［EB/OL］. http://www.xinhuanet.com/2018-06/21/c_1123017970.htm

（二）以理性的视角审视价值认同的内在张力

通过研究我们发现，犹太文化得以传续至今，很大程度上得益于其自身的张力机制，以及犹太人对这种张力的理性认知和有效平衡。这种张力机制为犹太文化有效提供了应时而变的弹性和空间，使犹太社团能够在内部充满分歧和争议的基础上仍然构成一个充满动力和活力的整体。

犹太价值认同的内在张力实际上与犹太文化悖逆与整合的特质有着密切的关联。正是犹太文化这种特有的创制机制，使其内部必然存在着充满了差异性、互补性甚至是矛盾性的各种要素。而伴随着犹太文化内部的变迁与更新，伴随着犹太文化的交往和传播，这种文化本质属性上的多元多样性就更加凸显，于是也就构成了犹太文化一种内源性的张力结构。实际上，对于任何一个历史久远的文明而言，其内部都存在这类似的张力和矛盾，因而最为关键的是问题如何正确看待和处理这种内在张力，这决定着文明发展的前途命运。犹太民族历来擅长思辨，也乐于进行思想的分享和交流。曾有一个经典的犹太民间故事，讲的是一群犹太人聚在一起展开对话，经过一番激烈的辩论之后，这群犹太人唯一达成的共识就是可以不达成任何共识，他们唯一能够一致同意的意见就是彼此不必互相同意。通过这个例子我们可以看出，犹太人已经将理性面对矛盾和张力的思想意识贯彻到个人生活的方方面面，因此他们在价值认同的建构过程中也能够更加有效地实现求同存异。

中华文化也有着兼容并包的悠久传统，并在五千多年的文明史上创造和传承了丰富的优秀文化传统。习近平总书记指出，“一方面，随着实践发展和社会进步，我们要创造更为先进的文化。另一方面……我们决不可抛弃中华民族的优秀文化传统，恰恰相反，我们要很好地传承和弘扬，因为这是我们民族的‘根’和‘魂’，丢了这个‘根’和‘魂’，就没有根基了。”[①] 实际上，我们之所以能够收获了中华民族的“根”和“魂”，这恰恰证明我们在漫长的文化演进历程中有效处理了不同时代环境、不同社会群体、不同价值诉求等等之间的内在张力。然而到了今天，我们面临着更加复杂多元的环境，这对我们又提出了新的考验。

---

① 习近平在广东考察工作时的讲话［EB/OL］. http://theory.people.com.cn/n/2014/0902/c40531-25586123.html

曾有学者指出了当前中国所处的是“复杂现代性”背景。在此背景下，我们面临着三个张力，即现代化运动与中华文明复兴的张力，社会主义与资本主义的张力，以及民族国家与全球化的张力。这三方面的张力昭示着中国未来发展所面临的难题，也构成了辨识中国在当代世界历史中的位置、把握中国发展的历史趋势的思想坐标。[①] 实际上，当代中国在全球范围内的地理空间坐标、在世界发展潮流中的历史坐标以及在人类文明体系中的思想坐标，共同构成了价值认同建构的现实场域。我们同谁交往、如何交往，我们从何处来、向何处去，我们追求什么、又拒斥什么，这都些都从不同层面制约着价值认同建构的具体实践。

二、优化文化互动场域中的价值认同目标

马克思、恩格斯在《德意志意识形态》等著作中曾反复论述有关“交往”的理论与思想，对交往的内容、交往的历史起源和发展进行了比较系统的考察。马克思指出：“生产力与交往的关系就是交往形式与个人的行动或活动的关系”。个人的这种活动其基本形式是物质活动，“它决定一切其他的活动，如脑力活动、政治活动、宗教活动等”。在《德意志意识形态》中，马克思丰富了“交往”这个概念的内涵，它包括内部交往和外部交往：内部交往如单个人彼此之间的交往、社会群体之间的交往等这些民族内部与经济、政治、文化相联系的交往；外部交往包括民族与民族之间、国家与国家之间的经济交往、政治交往和文化交往，这种外部交往会随着生产的发展成为一种世界交往或普遍交往。[②] 实际上，正是在这种“世界交往”或“普遍交往”的意义上，对犹太族群的研究价值才越发得以彰显。因为，正是广泛的历史交往才使犹太人承担起了“中介性客民”的社会角色，使犹太族群成为一个充满生机与活力的群体。在价值认同这个问题上，我们要以个体和群体之间广泛的交往作为起点，在交往互动中探索价值认同的“公约数”，同时也要以发展的眼光看待价值认同在文化创生、文明互鉴等方面的积极意义。

---

① 冯平，汪行福等.“复杂现代性”框架下的核心价值建构［J］. 中国社会科学，2013(7).

② 参见胡为雄 . 马克思的社会交往理论［J］. 教学与研究，2004，V(8).

（一）以交往为起点促进价值认同的目标生成

马克思、恩格斯在《德意志意识形态》中指出："各个相互影响的活动范围在这个发展进程中越是扩大，各民族的原始封闭状态由于日益完善的生产方式、交往以及因交往而自然形成的不同民族之间的分工消灭得越是彻底，历史也就越是成为世界历史。"①犹太历史也再次证明了，以生产力为基础的交往是社会进步与发展的一种动力。一般而论，一个民族的交往越发达，民族文化的内涵就会越丰富，影响力就会越大。犹太人在历史上始终保持一种不断运动的生活方式，犹太文明的变革性、犹太生活的复杂性以及犹太文化的未定性，都是一般的理论设定所不能完全解释的。犹太价值认同在传统与现代、神圣与世俗、正统与边缘、犹太与非犹太等范畴领域所产生的张力与冲突、整合与变革，既与当代世界文化面临的挑战相契合，也为世界呈现了一个现实性、动态性的文化样本。

长期以来，大众在谈及犹太人、犹太文化时常常不自觉地幻想出一种"神秘化"、"吹捧化"或者是"污名化"的刻板印象。赵汀阳曾指出："各个民族对其他民族、各个国家的人对其他国家的人、各个地方的人对其他地方的人的气质、性格和民俗都有着各种俗套的、并无充分证据的偏见，比如说，德国人永远机械地遵守纪律，法国人永远陷入轻浮爱情，犹太人永远吝啬和狡诈，中国人永远喜欢两可之辞，等等，而与此作对比就比较容易给自己安排一个相对好的价值定位。"②实际上，我们在复杂现代性的背景下建构价值认同，必然要与异质文化展开价值互动。在这个过程中，我们不能在脱离实际的想象中，凭借刻板印象做出价值预判。而是要在真诚交往的基础上，确立可以共享的价值目标，并逐步建构起价值认同。

从犹太文化的历史发展中我们可以看到，犹太文化的特殊性和普遍性是辩证统一的。犹太人几千年来没有一个"天然的家园""共同的语言""一个天然的共同体"，但恰恰由于这一点犹太人才显得与众不同，才凸显了犹太人在人类结构中的位置，以及犹太文化在世界文化中的位置和价值。也正是在这个意义上，犹太文化在世界文化的框架中呈现了一种独有的"样本"理论意义。③然而，犹太文化在发展过程中吸纳了诸多异质文化的

① 马克思恩格斯选集（第 1 卷）[M]. 北京：人民出版社，2012：168.

② 赵汀阳. 认同与文化自身认同[J]. 哲学研究，2003（7）.

③ 刘洪一. 犹太文化要义[M]. 北京：商务印书馆，2004：422.

要素，也适应了诸多文化环境，这在一定程度上又赋予犹太以文化理论上的普遍意义，从而进一步扩大和丰厚了犹太文化的独特性内容。因此，在某种意义上看，犹太文化可以被视为一种文化理论视野里的‘选民文化’，也就是说它代表了一种贯通了东西方文化、既有鲜明的文化特质又可能相对集中地呈现诸种文化规则的文化事实。值得我们注意的是，犹太文化在与异质文化交往的过程中，始终保持着一种既冲突又吸纳、既分裂又融合的交往关系，犹太文化成果正是在这样的交往历程中才得以保持和延续。由此看来，世界性特质既是犹太文化的特征与表象，也是犹太文化不断超越自我，并以其强大的生命力长期影响世界文化的必要保证。犹太文化多领域、多维度、多层次的历史交往，使它与其他民族建立起了错综复杂的历史联系。考察犹太人的历史交往，不仅有助于我们进一步去了解犹太历史与文化，了解犹太民族的形成与发展；从更深远的意义来讲，这对全球化进程中的中国发展和崛起、对人类命运共同体构建过程中不同文化与价值观之间的协调处理，都有着积极的启示价值。

2019 年 5 月在北京隆重举办的亚洲文明对话大会实际上就代表了我们为实现更广泛意义上的价值认同而做出的努力。这次会议像是一个意味深长的历史隐喻，对新时代的中国来说，其意义和价值更是值得人们深思。这次大会昭示着：作为一个文明共同体的亚洲，在世界百年未有之大变局的时代境遇中，我们该如何检省自身，如何认识他者，如何看待历史，如何面对未来。这次会议不但为亚洲文明共同体的建设提供了精神支撑，为亚洲文明互学互鉴提供了平台，更为重要的是彰显了中华民族的文化自觉和文化自信。基于这样的文化交往平台，我们能够进一步明确价值理念，凝聚发展共识，进而创造更多机遇，共享文明成果。

（二）以发展的眼光看待价值认同的积极意义

如果从文化发展的角度来看待价值认同，那么它可以被看作是文化自身进行自我更新、调适和整合的过程。通过价值认同的过程，文化体能够在现有的基础上生发出更多的联结点和生长点。因此，价值认同在一定意义上也是文化的自我修正、自我创造机制。从犹太文化来看，在对优质文化要素进行集合的过程中，它实现了超越性文化效用。因为，当犹太文化将各优质要素融合为自身文化的有机整体时，“整体大于部分之和”的哲学命题在犹太文化的功能性质上得到了突出的体现。这样，犹太文化不仅实现了对周边异质文化在文化属性上的超越，同时也生成了一种重要的文化创制机制。如果观察犹太历史上具有重大贡献的伟大思想家、科学家的个人活动，我们不难发现，他们都毫无例外的是在对人类文明成果进行了最大限度的采纳、综合的基础上，才创造出了超越性的文化业绩，斐洛、斯宾诺莎、马克思、爱因斯坦等等无不如此。犹太文化对各种优质要素的整合在很大程度上也是对各种矛盾对立要素的整合，因为它们不仅源于不同的异质文化，而且常常因其本身固有的差异甚至矛盾属性才越发显示出各自的优质意义和整合价值。例如，《圣经》时期对迦南文化、巴比伦文化、埃及文化诸要素的吸收，希腊罗马时期对希腊、罗马文化的融合，大流散时期对阿拉伯文化、欧洲基督教文化以及美洲新大陆文明的吸收容纳等等，往往都是选择了这些文化中具有一定互补意义的文化要素加以综合的。

美国犹太人的价值认同，从文化的意义上来看就是犹太文化对各种矛盾、冲突文化要素进行整合与重组。这些综合性、矛盾性的文化要素在实际的文化存在和文化活动中，不仅呈现着不同的逻辑取向，而且扮演着不尽相同的功能角色。这些不同的逻辑取向和功能角色的综合作用，其实际结果不是相互抵消和弱化了它的功能意义，而是通过相互补充使其整体的功能意义得到了明显的加强。特别是面对各种矛盾、复杂的现世课题，犹太文化由于有了对多种矛盾、悖逆因素和功能的整合而具有了认知世界的多维视角、应对矛盾的多种方法和灵活有效的机动能力。犹太文化这种具有一定普遍可适性的文化功能，也使之能够极有效地适应多种不同的文化土壤、文化条件和文化挑战。在美国犹太人的价值认同建构过程中，他们将宗教与世俗、信仰与功利、理性与非理性、超验与经验等多种矛盾、分裂的范畴和要素整合于一体，在文化的建构方式、文化本体构成乃至文化发展程式上都体现出鲜明的矛盾、运动特征，形成了一种典型的动态性文化结构。犹太文化的历史发展呈现的正是对传统的继承与抗拒、延续与背离，在对各种矛盾的引发—释解、释解—引发中实现了文化生命的吐故纳新，实现了对文化创造机制的深化和加强。这种动态结构及其功能也表明，社会文化的矛盾冲突是社会发展的前提和动力，是实现文化创造、文化超越的重要机制。①

---

① 参见刘洪一．犹太文化要义［M］．北京：商务印书馆，2004：416-430.

价值认同看似是从多到一的收敛过程，但实际上在认同之前，必然要经历一个从一到多的发散环节。当前中国处理我国社会的价值认同问题，也应该意识到这两个环节各自的价值和意义所在。从一到多的发散环节，实际上代表着我们先要去认知、识别、理解各种不同类型的价值观念。正如犹太文化在漫长的历史中去接触、吸纳其他不同的异质文化一样，我们在处理价值理念的问题时，也要注重彼此间的价值的交流与共享，进而在充分沟通的基础上再去探究价值认同的可能性。从多到一的环节，代表我们要克服不同价值观念之间的冲突和矛盾，去积极探索价值整合的路径。

三、探寻社会主义核心价值观认同的教育路径

通过对美国犹太人价值认同的研究我们发现，犹太人在关注价值认同内在张力的同时，也关注如何施加外力。犹太教育既是迎接时代变化的先锋阵地又是传承民族文化的坚实堡垒。正如开普兰所言，“一种文明的可贵之处不光取决于它所自命的那些理想和价值，而是取决于它所具有的激活这些理想和价值的能力。”[①] 因此，他把犹太教育视为犹太社团生存和发展最为关键的环节。他认为，犹太人是否仍然能够感觉到把自己的孩子培养成为犹太人的迫切性，这一点至关重要。只有当成年人自己能够从犹太教中汲取营养，品味到具体可感而不容置疑的甜头，并且这些甜头并不是来源于书本或意识形态，而是来源于置身强大社区之中，对于其意义、仁爱和自我实现的体验时，他们才能真正感觉到这种迫切性。[②] 这也就说明，犹太价值认同的建构，犹太社团凝聚力的形成，以及犹太民族和文化传统的延续，实际上都离不开教育这一环节。

习近平在中央政治局第十三次集体学习时强调：“要通过教育引导、舆论宣传、文化熏陶、实践养成、制度保障等，使社会主义核心价值观内化为人们的精神追求，外化为人们的自觉行动”。培育和践行社会主义核心价值观，还要自觉遵循和把握一条重要原则，那就是习近平所指出的，必须注意把我们所提倡的核心价值观与人们的日常生活紧密联系起来，在落

---

① ［美］摩迪凯·开普兰著，黄福武、张立改译.犹太教：一种文明［M］.济南：山东大学出版社，2002：519.

② 阿诺德·艾森.开普兰的“犹太教”六十周年祭：重新评价［M］//［美］摩迪凯·开普兰著，黄福武、张立改译.犹太教：一种文明.济南：山东大学出版社，2002：9.

细、落小、落实上下功夫。立足价值认同本质及其生成规律，着眼当前价值观教育实际，我们以为，推进新时代社会主义核心价值观“融入转化”，应将“自上而下”与“自下而上”、“外推”与“内生”相结合，在充分发挥其各自独特优势的基础上，着力探寻以下四条理路。

（一）“整体推进、逐层跃迁”的教育路径

长期以来，围绕究竟如何建构价值认同，人们在教育上形成了“自上而下”与“自下而上”两种路向，“外推”与“内生”两种模式[①]。“自上而下”说的是基于一种先验的理论假设，通过一整套制度设计和规则制定，对人们价值认同实施系统的、规范化的教育干预；“自下而上”说的是在尊重人的主体地位和价值多样化事实基础上，通过交往对话引导受教育方实现价值认同。随着“以人为本”“育人为本”等理念的兴起，“自下而上”越发成为价值教育领域的主流声音，而“外推”与“内生”则基本上都是基于这一路向提出的价值认同模式。“外推”就是按照“以己推人”的理路，从觉知自我价值意识出发，沿着“自我—他人—所有人”的思路，逐步扩大价值认同的范围；“内生”则将价值认同看作人们社会交往的关系结构，然后基于这一结构的存续优化，向内向下提出相应的价值秩序和规则，并促使社会成员在意识和行为层面普遍适应之。上述路向和模式在不同历史阶段、文化语境和教育场域中均有其合理之处，也为新时代价值观教育提供了有益借鉴。

价值认同是个人认同、群体认同、社会认同的辩证统一。这就要求我们在推进社会主义核心价值观“融入转化”时，既要关注社会主义核心价值观向个人价值目标、价值取向的转化，也要关注社会主义核心价值观与群体性价值意识、价值规范的融通，更要引导个人和群体在社会主流价值观念基础上，凝聚价值共识、提升价值自觉，从而整体性、系统性地推进社会主义核心价值观在个人成长、群体责任、社会运行中的落细、落小、落实。同时，鉴于价值认同内在蕴含经验、情感、理性三个逐级递升层次，整体推进社会主义核心价值观“融入转化”，还应依据不同层次价值认同的发生规律，突出重点，着力攻关，实现价值认同的逐层跃迁。在经验层面，突出“日常生活”这个关键场域，通过规范引领以获取生活资料

---

① 贾英健．重建当代价值认同的致思理路和方法解答［J］．湖南社会科学，2006（2）．

为指向的日常消费活动，以地缘、业缘、趣缘为纽带的日常交往活动，以网络、影视等为载体的日常休闲活动，营造与社会主义核心价值观同向同质的日常生活环境，夯实价值认同的经验基础。在情感层面，突出“社会心态”这个关键变量，通过培育自尊自信、理性平和、积极向上的社会心态，增进社会成员对社会主义核心价值观的正向情感体验。在理性层面，突出“知识教育”这个关键环节，运用学校教育、普及宣传与群众性精神文明共建活动等方式，强化人们对社会主义核心价值观的理性认知和深度认同。

（二）“张力把握、均衡协调”的教育路径

社会价值导向与个人价值取向的间距和冲突，作为价值认同内在否定性的基本矛盾，在不同社会历史条件下具有不同的内涵和表现形式。价值认同问题之所以蕴涵着鲜活的理论特质与饱满的生命张力，在于这一概念本质上的多面性与多层次性，它勾连起自我与他者、个体与共同体、思维与实践、生成与发展等多个范畴，又涉及地域、文化、心理、社会环境等多个要素。马克思曾经说过：“人的思维是否具有客观的真理性，这不是一个理论的问题，而是一个实践的问题。人应该在实践中证明自己思维的真理性，即自己思维的现实性和力量，自己思维的此岸性。”[①] 因此，我们在探究价值认同问题时，不能将其视为一个简单的选择题，而要把它看作是一道复杂的方程式。要想理性、客观地探索和把握价值认同的本质意涵，就需要将价值认同问题还原到现实场景中，在众多相关因素中谨慎地甄别出可能对价值认同产生影响的自变量，并立足于客观的时空境遇、依循价值认同内在的运行规律，去分析每个自变量在特定历史条件下的变动趋势及其对价值认同造成的影响，从而还原价值认同的内在张力。

在中国特色社会主义进入新时代的背景下，这一矛盾集中凸显为一元与多元、本土与世界、现代与传统三对较为突出的张力结构。推进新时代社会主义核心价值观“融入转化”，需要妥善处理和把握好这一张力结构，在有机协调、相对均衡中，增进和实现价值认同。对于一元与多元的矛盾张力，既要毫不动摇、旗帜鲜明地坚持社会主义核心价值观的主导地位，又要兼顾好不同职业群体、不同地域的多样化需求，实现一元主导与多元

---

① 马克思恩格斯选集（第 1 卷）[M]. 北京：人民出版社，2012：134.

并存的均衡协调。对于本土与世界的矛盾张力，既要始终坚持中国立场、以我为主，以推进新时代全面深化改革为中心，以坚持和发展中国特色社会主义为根本，又要以更高的政治站位、更大的世界视野，准确把握世界范围内价值观念变革和文化交融交锋交流大势，批判借鉴其他国家价值观教育经验，提升我国价值观教育亲和力和针对性。对于传统与现代的矛盾张力，要坚持“不忘本来、面向未来”，既深入挖掘整理中华优秀传统文化所蕴含的具有穿越时空价值的教育理念和方法，又根据新时代教育改革发展的要求，扎实推进理念、手段和方法创新，增强价值观教育的时代感和科学性。

（三）“问题导向、实效为先”的教育路径

“在思辨终止的地方，在现实生活面前，正是描述人们实践活动和实际发展过程的真正的实证科学开始的地方。关于意识的空话将终止，它们一定会被真正的知识所代替。对现实的描述会使独立的哲学失去生存环境，能够取而代之的充其量不过是从对人类历史发展的考察中抽象出来的最一般的结果的概括。这些抽象本身离开了现实的历史就没有任何价值。”[①] 由此可见，离开具体的时空环境去探讨价值认同问题，也是无意义的。现代社会价值认同建构面临着现代化和全球化相叠加的时空场景。现代化和全球化对传统意义上的时空概念造成了不可逆转的冲击，随之而来的是人们对于自身在时空坐标系中所处位置的茫然与迷失。在世界从传统走向现代、从封闭走向开放的过程中，方位感和确定性的失落逐渐加深了人们的生存性焦虑，加大了身份确证与价值选择的难度，也加剧了价值失序与价值冲突的危机。在日趋多元多变多样的现代社会，人们应当认同和确认何种价值观？如何经由对这种价值观的确认，建构富有生命张力和现代性指向的精神生活？这是现代人类生存发展面临的突出问题。

习近平在中央政治局第十三次集体学习时强调：“一种价值观要真正发挥作用，必须融入社会生活，让人们在实践中感知它、领悟它。要注意把我们所提倡的与人们日常生活紧密联系起来，在落细、落小、落实上下功夫。……要建立和规范一些礼仪制度，组织开展形式多样的纪念庆典活动，传播主流价值，增强人们的认同感和归属感。……使核心价值观的影响像

---

① 马克思恩格斯选集（第 1 卷）[M]. 北京：人民出版社，2012：153.

空气一样无所不在、无时不有。”① 因此，我们要以人们生活中现实的价值问题为出发点，不断丰富价值认同的实践载体，充分发挥实践活动的驱动作用。

社会实践的基础条件和历史形态深刻构成价值认同的现实根基和动力源泉，也为其健康发展不断提出新问题，导引新方向。就新时代社会主义核心价值观“融入转化”而言，既需要从理论上进一步追问“究竟应该将价值认同看作不证自明的‘常识’，还是应从更深层面、更大视域体认和彰显其广阔的理论意涵？”“究竟应该将价值认同单纯地归结为‘个人事务’，还是应将之当作‘社会性文化性存在’，在更为纵深的文化传统和价值谱系中审视把握之？”“究竟应该怎样真正以价值观教育的方式推进价值观教育，而不是将之混同于知识教育和技能教育”等问题，又需要立足资本逻辑、消费文化、娱乐精神“深度合流”的复杂现代性背景，从实践上破解理想主义失落与功利主义崛起相伴相生、工具理性肆虐与价值理性隐退同步显现、英雄主义消解与世俗主义泛滥如影随形等突出问题，有效回应类似“佛系青年”“人间不值得”等无奈的人生慨叹与潜隐的生活态度，提升价值观教育的实效性。

（四）“深层嵌入、有序引导”的教育路径

以社会主义核心价值观增进社会成员的价值认同，构筑全体人民共同奋斗的思想地基和价值共识，是培育践行社会主义核心价值观的关键所在。党的十九大提出：“把社会主义核心价值观融入社会发展各方面，转化为人们的情感认同和行为习惯。”② 这标志着培育践行社会主义核心价值观，在经历“体系建构”“理念凝练”“顶层倡导”“制度设计”之后，进入了“融入转化”的新阶段。这一阶段的突出问题是：如何将社会主义核心价值观融入社会运行全过程，实现社会核心价值理念与经济社会发展的一体化建构、协同化运行；如何使社会主义核心价值观内化为人心所向、具化为生命样态，实现国家建设、社会发展的价值预期与人们追寻美好生活、促进生命成长的价值期待相互融通。上述问题内在蕴含一个共同的前提预设，即“价值认同”。离开社会成员广泛而坚实的价值认同，“融入”便难以切

---

① 习近平在十八届中央政治局第十三次集体学习时的讲话，2014-02-24.

② 习近平.决胜全面建成小康社会 夺取新时代中国特色社会主义伟大胜利——在中国共产党第十九次全国代表大会上的报告［N］.人民日报，2017-10-28.

实成为维系社会高效运行的“精神力量”，“转化”也可能只是以“知识条目”的形式漂浮于人们的“记忆空间”，而难以深度嵌入人们的日常生活和生命历程，触及人们的精神世界和灵魂深处。

正如马克思所讲的，“全部社会生活在本质上是实践的。凡是把理论引向神秘主义的神秘东西，都能在人的实践中以及对这种实践的理解中得到合理的解决。”[①] 人们需要在精神上认可这种价值理想和价值追求，并且按照这种评价去对待自己的观念和行为，对待自己在人群共同体中的关系。因此，与价值认同相关的精神活动和社会历史活动本身就是具有实践性质的。尽管价值问题不是事实问题，但它一旦经历了“认同”的过程，就会转化成一定群体范围内的生命活动和实践活动。但是这种实践活动的根源还是价值，因此价值认同不是经验的事实自发形成的，而是需要进行价值观意义上的、价值标准意义上的影响、教育、示范、评价，通过精神活动和生命活动等具体实践形式的驱动而形成。“因此，每一时代的价值观都是当时一定的物质生活方式、政治法律制度、观念文化传统等因素潜移默化地濡染、熏陶和塑造的结果。任何一个社会都是一方面通过法律手段、社会舆论和学校教育，有目的、有计划地把某种价值观灌输给每个社会成员；另一方面，通过文化传统，如风俗习惯、社会心理等形式，将其价值观在潜移默化中传递给每个成员，从而促使他们形成一定的价值观，并使个人的价值观与社会的价值观协调一致起来。”[②]

价值认同是主体能动性建构的实践活动，与人们的利益诉求、情感倾向、心理结构密切相关。这就需要我们在推进新时代社会主义核心价值观“融入转化”时，兼顾好人的有意识活动和无意识活动，锁定对实践活动自觉程度最高的焦点意识持续发力，引导好人们的有意注意和行动自觉，使价值认同逐步渗入到下意识、前意识、无意识等心理界面，沉淀固化为一种“直觉性思维、自动化反应和习惯性行为”[③]。为此要锁定群众广泛关注的思想理论问题，实施深度解读、定向引导，廓清人们对社会主义核心价值观的认识迷雾，夯实价值认同的思想基础。要找准社会利益与个人利益

① 马克思恩格斯选集（第 1 卷）[M]. 北京：人民出版社，2012：135-136.

② 陈先达，杨耕编著. 马克思主义哲学原理（第四版）[M].北京：中国人民大学出版社，2016：178-179.

③ 任志锋，大学生社会主义核心价值观认同的日常生活维度 [J].教学与研究，2016（12）.

的最大交汇点，抓住群众最迫切、现实的利益难题，进行重点突破、逐步推进。要着力激活人们对社会主义核心价值观的情感共鸣，善于运用群众喜闻乐见的方式和途径，通过理论阐释、艺术渲染、实践养成，以思想性的力量、艺术性的魅力、实践性的体验，铺设和筑牢价值认同的情感通道。

参考文献

经典文献

[1] 马克思恩格斯选集 [C]. 北京：人民出版社，2012.
[2] 马克思恩格斯文集 [C]. 北京：人民出版社，2009.
[3] 列宁选集 [C]. 北京：人民出版社，1995.
[4] 毛泽东选集 [C]. 北京：人民出版社，1991.
[5] 毛泽东文集 [C]. 北京：人民出版社，1998.
[6] 邓小平文选 [C]. 北京：人民出版社，1994.
[7] 江泽民文选 [C]. 北京：人民出版社，1994.
[8] 马克思、恩格斯、列宁论意识形态 [C]. 北京：人民出版社，2009.
[9] 江泽民论社会主义精神文明建设 [C]. 北京：中央文献出版社，1999.
[10] 毛泽东邓小平江泽民论党的建设 [C]. 北京：中央文献出版社，1998.
[11] 毛泽东邓小平江泽民论世界观人生观价值观 [C]. 北京：人民出版社，1997.

学术著作

[12] [英] 马丁·阿尔布劳. 全球时代 - 超越现代性之外的国家和社会 [M]. 北京：商务印书馆，2001.
[13] [英] 安东尼·吉登斯. 社会的构成 [M]. 北京：生活·读书·新知三联书店，1998.
[14] [英] 安东尼·吉登斯. 现代性与自我认同 [M]. 北京：生活·读

书·新知三联书店，1998.
[15][英]曼纽尔·卡斯特.认同的力量[M].北京：社会科学文献出版社，2003.
[16][美]摩迪凯·开普兰著，黄福武、张立改译.犹太教.一种文明[M].济南：山东大学出版社.2002.
[17][美]米尔顿·M.戈登著.马戎译.美国生活中的同化[M].南京：译林出版社，2015.
[18][美]爱德华·希尔斯著，傅铿等译.论传统[M]，上海：上海人民出版社，1991.
[19][美]约翰·J.米尔斯海默.以色列游说集团与美国对外政策[M].上海：上海人民出版社，2009.
[20][美]罗伯特·M.塞尔茨.犹太的思想[M].上海：生活·读书·新知上海三联书店，1994.
[21][美]塞缪尔·亨廷顿.文明的冲突与世界秩序的重建[M].北京：新华出版社，1998.
[22][美]塞缪尔·亨廷顿.我们是谁：美国国家特性面临的挑战[M].北京：新华出版社，2005.
[23][加]查尔斯·泰勒.自我的根源：现代认同的形成[M].南京：译林出版社，2001.
[24][以]阿巴·埃班.犹太史[M].北京：中国社会科学出版社，1986.
[25][黎]萨比尔·塔伊迈.犹太通史[M].北京：商务印书馆，1992.
[26]罗国杰.马克思主义价值观研究[M].北京：人民出版社，2013.
[27]潘光，陈超南，余建华.犹太文明[M].北京：中国社会科学出版社，1999.
[28]江宜桦.自由主义、民族主义与国家认同[M].台北：扬智文化事业股份有限公司，1998.
[29]王明珂.华夏边缘：历史记忆与族群认同[M].上海：社会科学文献出版社，2006.
[30]傅有德.现代犹太哲学[M].北京：人民出版社，1999.
[31]方旭光.认同的价值与价值的认同——社会主义核心价值观论[M].北京：中国社会科学出版社，2014.

［32］刘洪一．犹太文化要义［M］．北京：商务印书馆，2004.

期刊论文：

［33］孙正聿．当代人类的生存困境与新世纪哲学的理论自觉［J］．社会科学辑刊，2003（05）．
［34］杨海军．中国犹太人研究 80 年［J］．中国社会科学，1994（3）．
［35］谭培文．承载利益认同与价值认同之重的欧洲认同研究［J］．桂海论丛，2013（2）．
［36］羊许益．价值认同与大学生社会主义核心价值体系教育的路径探析［J］．教育探索，2010（4）．
［37］袁峰．价值认同与当代政治合法性的基础［J］．华东政法大学学报，2008（6）．
［38］高鑫．论中国梦的大众认同 _ 基于价值认同的维度［J］．当代世界与社会主义（双月刊），2015（2）．
［39］柳克方．价值认同与大学生核心价值体系教育［J］．辽宁师范大学学报（社会科学版），2011（4）．
［40］张汉静，葛振国．社会主义核心价值体系的实现路径 – 基于价值认同的角度［J］．山西大学学报（哲学社会科学版），2008（6）．
［41］奚彦辉，邵晶．思想政治教育领域的价值认同研究综述［J］．中共福建省党校学报，2015（1）．
［42］吴玉军．思想政治教育中的价值认同问题［J］．马克思主义与现实，2016（2）．
［43］朱颖原．中国特色社会主义制度的价值认同［J］．科学社会主义（双月刊），2012（5）．
［44］王岩．中国现代化进程中主导价值认同研究综述［J］．东莞理工学院学报，2011（4）．
［45］钱雪梅．从认同的基本特性看族群认同与国家认同的关系［J］．民族研究，2006（6）．
［46］李兰芬．国家认同视阈下的公民道德建设［J］．中国社会科学，2014（12）．

[47] 许兆昌."中外史学传统"笔谈—传统史学与价值认同[J].史学集刊，2013（6）.

[48] 李崇富，王卓君，何华玲，詹小美，王仕民，周光辉，刘向东，门洪华.全球化进程中的国家认同[J].中国社会科学，2013（9）.

[49] 李崇富.马克思主义国家观和国家认同问题[J].中国社会科学，2013（9）.

[50] 王卓君，何华玲.全球化时代的国家认同：危机与重构[J].中国社会科学，2013（9）.

[51] 詹小美，王仕民.文化认同视阈下的政治认同[J].中国社会科学，2013（9）.

[52] 周光辉，刘向东.全球化时代发展中国家的国家认同危机及治理[J].中国社会科学，2013（9）.

[53] 门洪华.两个大局视角下的中国国家认同变迁（1982-2012）[J].中国社会科学，2013（9）.

[54] 梅萍，林更茂.民族精神与和谐社会的价值认同[J].当代世界与社会主义（双月刊），2007（6）.

[55] 胡浩.从宗教文明论看开普兰的犹太民族观[J].西亚非洲，2010（6）.

[56] 杨艳华.歌德与犹太民族[J].思想战线，2009（1）.

[57] 顾蓓.古犹太民族精神分析新探[J].求是学刊，2003（3）.

[58] 金太军，姚虎.国家认同：全球化视野下的结构性分析[J].中国社会科学，2014（6）.

[59] 韩震.论全球化进程中的多重文化认同[J].求是学刊，2005（5）.

[60] 贺善侃.经济全球化背景下的价值认同与冲突[J].毛泽东邓小平理论研究，2003（5）.

[61] 贾英健.重建当代价值认同的致思理路和方法解答[J].湖南社会科学，2006（2）.

[62] 蒋红.价值观嬗变与认同整合[J].马克思主义研究，2014（3）.

[63] 宗兴波.简论犹太人的道德生活[J].赤峰学院学报（汉学哲学社会科学版），2012（6）.

[64] 张倩红，尚万里.近十年来（1997—2007）国内犹太研究的特色[J].

河南大学学报（社会科学版），2008（9）.
[65] 李慎之.全球化发展的趋势及其价值认同[J].马克思主义与现实，1998（4）.
[66] 肖滨.两种公民身份与国家认同的双元结构[J].武汉大学学报（哲学社会科学版），2010（1）.
[67] 刘怀光，刘雅琪.主流价值认同的现代价值困境[J].吉首大学学报（社会科学版），2012（1）.
[68] 杨卫东.论美国犹太人的双重身份认同[J].南昌航空大学学报，2012（12）.
[69] 陈沛照.论我国多民族国家的价值认同[J].广西师范学院学报（哲学社会科学版），2016（5）.
[70] 张咏梅.论犹太教育的特点及其对以色列复国的影响[J].陕西师范大学学报（哲学社会科学版），2002（5）.
[71] 饶本忠.论犹太民族中的拉比及其历史作用[J].西亚非洲，2010（8）.
[72] 胡志东.论犹太文化的内敛性[J].南京政治学院学报，2004（4）.
[73] 张倩红.略论犹太民族的务实精神[J].世界民族，1998（3）.
[74] 顾海燕.美国当代文学中犹太民族的文化内涵[J].贵州民族研究，2015（9）.
[75] 潘光.美国犹太人的成功与犹太文化特征[J].美国研究，1999（3）.
[76] 顾红亮.评《困顿与再生——犹太文化的现代化》[J].世界历史，2004（2）.
[77] 吾淳.普遍伦理如何可能?——犹太民族与中华民族的经验及其启示[J].文史哲，2006（3）.
[78] 钱皓.美国移民大辩论历史透视[J].世界历史，2001（1）.
[79] 刘芳.全球化时代的价值认同[J].甘肃理论学刊，2004（5）.
[80] 贾英健.认同的哲学意蕴与价值认同的本质[J].山东师范大学学报，2006（1）.
[81] 肖瑜.试论第二次世界大战前苏联的犹太民族政策[J].世界历史，2012（3）.
[82] 张倩红.试论犹太民族的特性[J].世界历史，1993（6）.

[83] 宋立宏 . 谁是“犹太人”——关于“Ioudaios”的札记 [J]. 历史研究，2007（2）.
[84] 邱文平 . 同化的悖论：“熔炉”中犹太人和美国精神的互动 [J]. 史林，2011（1）.
[85] 汪舒明 . 大屠杀记忆、以色列战略文化与伊朗核危机 [J]. 外交评论，2013（2）.
[86] 汪舒明 . 大屠杀记忆在捍卫以色列中的战略性运用 [J]. 世界民族，2012（4）.
[87] 汪舒明 . 当代美国亲犹主义的文化根源 [J]. 社会科学，2004（11）.
[88] 汪舒明 . 美国基督教锡安主义的发展及影响 [J]. 世界民族，2006（4）.
[89] 汪舒明 . 纳粹屠犹与犹太民族的现实主义转向 [J]. 世界民族，2010（2）.
[90] 汪舒明 . 试析犹太人在美国政治影响力提升的策略 [J]. 世界历史，2010（6）.
[91] 汪舒明 . 犹太人和美国的人权外交 [J]. 外交评论，2009（3）.
[92] 汪信砚 . 普世价值 · 价值认同 · 价值共识——当前我国价值论研究中三个重要概念辨析 [J]. 学术研究，2009（11）.
[93] 汪信砚 . 全球化中的价值认同与价值观冲突 [J]. 哲学研究，2002（11）.
[94] 王恩铭 . 美国 20 世纪末的一场文化战争——保守派与进步派的较量 [J]. 世界历史，2011（5）.
[95] 王恩铭 . 试论美国新宗教右翼 [J]. 世界历史，2007（6）.
[96] 王葎 . 建构现代中国社会的价值认同 [J]. 探索，2006（1）.
[97] 王铁铮 . 从犹太复国主义到后犹太复国主义 [J]. 历史研究，2012（2）.
[98] 韦诗业 . 民族认同与国家认同：宏观思想政治教育学的重要论域 [J]. 湖北社会科学，2013（9）.
[99] 瑚文帅 . 文化基因：国家认同价值是生成的逻辑 [J]. 学术界，2016（9）.
[100] 钟志清 . 希伯来语复兴与犹太民族国家建立 [J]. 历史研究，2010

（2）.
［101］林尚立．现代国家认同建构的政治逻辑［J］．中国社会科学，2013（8）.
［102］徐晓旭．文化选择与希腊化时代的族群认同［J］．中国社会科学，2015（3）.
［103］杨海军．中国犹太人研究 80 年［J］．中国社会科学，1994（3）.
［104］姚勤华．犹太·以色列研究又一力作——《犹太民族复兴之路》读后［J］．西亚非洲，1998（5）.
［105］陆建德．犹太复国主义及其异见者［J］．中国图书评论，2010（12）.
［106］赵云侠．犹太教的世俗化问题—正统派对犹太复国主义运动的思想反应［J］．世界历史，1999（3）.
［107］黄陵渝．犹太教研究在中国［J］．世界宗教研究，1999（4）.
［108］秦燕飞．犹太教与犹太民族的复兴［J］．衡阳师范学院学报（社会科学），2000（4）.
［109］饶本忠．犹太民族的宗教性及成因探析［J］．湖州职业技术学院学报，2013（4）.
［110］张箭．犹太民族和犹太人杰散论——写在《影响世界的犹太巨人》出版之后［J］．世界民族，1999（1）.
［111］王艳雯．犹太民族核心凝聚力诸因素分析［J］．史学月刊，2002（8）.
［112］周磊，李浩．犹太民族家庭教育考察及其启示［J］．天津师范大学学报（基础教育版），2014（1）.
［113］宋立宏．犹太战争与巴勒斯坦罗马化之两难［J］．世界历史，2002（1）.
［114］张倩红．从《论犹太人问题》看马克思的犹太观［J］．世界历史，2004（6）.
［115］张倩红．论犹太民族的特性［J］．世界历史，1993（6）.
［116］赵复三．对犹太宗教文化与其他文化关系的一点探索［J］．世界历史，1989（2）.
［117］王彦敏．中、犹传统家庭观之比较［J］．东岳论丛，2006（3）.
［118］徐新．中国的犹太研究［J］．西亚非洲，2010（4）.
［119］娄淑华，杨勇．中西政治社会化方法论之比较分析［J］．政治学研究，

2008（2）.
［120］钟志清 . 希伯来语复兴与犹太民族国家建立［J］. 历史研究，2010（2）.
［121］周光辉，李虎 . 领土认同：国家认同的基础构建一种更完备的国家认同理论［J］. 中国社会科学，2016（7）.
［122］周竞红 . 多重・流动・情境：认识民族认同和国家认同［J］. 兰州学刊，2015（4）.
［123］周平 . 对民族国家的再认识［J］. 政治学研究，2009（4）.
［124］周平 . 多民族国家的国家认同问题分析［J］. 政治学研究，2013（1）.
［125］周平 . 论中国的国家认同建设［J］. 学术探索，2009（6）.
［126］周平 . 中华民族：中华现代国家的基石［J］. 政治学研究，2015（4）.
［127］冀开运 . 走进犹太人的内心世界：——评介《犹太人・犹太精神》. 世界民族，2000（4）.
［128］魏啸飞 . 当代美国犹太人的犹太性［J］. 思想战线，2009（4）.
［129］唐立新 . 多元文化背景下的美国犹太民族的生存发展之道［J］. 深圳大学学报，2008（7）.
［130］胡小芬，郭飞根 . 罗斯福时代的美国欧洲犹太知识移民政策（1993-1945）［J］. 全球视野，2008（7）.
［131］马广东，刘仕军 . 富兰克林・罗斯福与犹太人在美国政界的崛起［J］. 乐山师范学院学报，2010（10）.
［132］韩小兴 . 美国亲以色列院外集团的社会基础及内部矛盾［J］. 世界经济与政治，1987（11）.
［133］唐立新 . 美国犹太教改革运动的思想源流［J］. 求是学刊，2014（6）.
［134］潘光 . 美国犹太人的成功与犹太文化特征［J］. 美国研究，1999（3）.
［135］宋建华 . 美国犹太人的五点社会特征［J］. 民族译丛，1980（1）.
［136］汪舒明 . 美国犹太人的自由主义和保守化（二）—美国犹太人的保守化和新保守派的兴起［J］. 世界民族，2008（2）.
［137］罗爱玲 . 美国犹太人及其对美国文化的影响［J］. 世界民族，2004（2）.
［138］邓蜀生 . 美国犹太人同化进程初探［J］. 世界历史，1989（2）.
［139］刘洪一 . 美国犹太文化的发生机制与多维属性［J］. 徐州师范学院学

报（哲学社会科学版），1991（4）.
［140］郝斋田．美国犹太游说集团对国会及美国中东政策的影响［J］．首都师范大学学报（社会科学版），2006（2）.
［141］赵建明．美国犹太组织与奥巴马政府对伊朗的政策［J］．美国研究，2011（1）.
［142］刘洪一．诺贝尔文学奖中的“犹太现象”及其文化机理［J］．复旦学报（社会科学版），1993（1）.
［143］陈超南．试论传统的开放与重构［J］．毛泽东邓小平理论研究，1998（5）.
［144］孙晓玲．近三十年来美国犹太人的社会性变迁［J］．世界民族，2016（4）.
［145］孙晓玲．美国犹太自由主义的成因：构建与受益—兼评美国犹太例外论［J］．世界民族，2014（3）.
［146］闫玉华，赵丽萍．犹太利益集团对美中东政策影响下降研究：—基于奥巴马时期的研究［J］．中北大学学报（社会科学版），2016（2）.
［147］何玉阳．犹太利益集团影响美国以色列政策［J］．重庆科技学院学报（社会科学版），2010（16）.
［148］王骏，刘军．犹太人、以色列与联合国的关系［J］．思想战线，2008（3）.
［149］李晓岗．战后美国犹太人民族凝聚力的盛衰［J］．历史研究，1997（2）.
［150］唐立新．多元文化背景下的美国犹太民族的生存发展之道［J］．深圳大学学报（人文社会科学版），2008（4）.
［151］唐立新．美国犹太教改革运动的思想源流［J］．求是学刊，2014（6）.
［152］唐立新．美国犹太人“从政”现象探讨［J］．历史研究，1997（2）.
［153］邱文平．同化的悖论：“熔炉”中犹太人和美国精神的互动［J］．史林，2011（1）.
［154］汪舒明，罗爱玲．美国犹太人的自由主义和保守化（一）——美国犹太人的自由主义传统［J］．世界民族，2008（1）.
［155］汪舒明．美国犹太人的自由主义和保守化（二）——美国犹太人的保守化和新保守派的兴起［J］．世界民族，2008（2）.

[156] 王健，汪舒明. 美国犹太人与“拯救达尔富尔运动”[J]. 现代国际关系，2008（7）.
[157] 汪舒明. 纳粹大屠杀、美国犹太人与人权外交[J]. 社会科学，2009（11）.
[158] 虞卫东. “形散而神不散”——犹太民族内聚力探源[J]. 史林，1997（4）.
[159] 陈才. 从《反生活》看犹太裔美国人的民族身份情结[J]. 西南科技大学学报（哲学社会科学版），2010（2）.
[160] 潘光. 试论纳粹大屠杀及其对犹太民族和文明的影响[J]. 世界历史，2000（2）.
[161] 张倩红，李景文. 试论犹太民族教育的开放性[J]. 世界民族，1997（3）.
[162] 李柏红，司伟. 试述犹太教传统伦理思想[J]. 青年文学家，2010（13）.
[163] 余惠，张淑清. 我国近20年来纳粹屠犹研究综述[J]. 鲁东大学学报（哲学社会科学版），2016（5）.
[164] 宋陶立，汤彩霞. 犹太民族的教育传统[J]. 博览群书，2011（8）.
[165] 王丽芳，李化树. 犹太民族的教育特色及启示[J]. 文史博览（理论），2014（4）.
[166] 王艳雯. 犹太民族核心凝聚力诸因素分析[J]. 史学月刊，2002（8）.
[167] 周磊，李浩. 犹太民族家庭教育考察及其启示[J]. 天津师范大学学报（基础教育版），2014（1）.
[168] 秦燕飞. 犹太教与犹太民族的复兴[J]. 衡阳师范学院学报（社会科学），2000（2）.
[169] [法] 乔治·苏菲尔，万文. 世界犹太人：新的冲突[J]. 世界民族，1980（5）.
[170] [英] 安东尼·吉登斯. 全球时代的民族国家[J]. 中山大学学报，2008（1）.
[171] [加] 威尔·金里卡. 多民族国家中的认同政治[J]. 马克思主义与现实，2010（2）.
[172] [美] 史蒂文·贝梅. 变化中的美国犹太人面貌[J]. 民族译丛，

1994（5）.
［173］［美］M. A. 摩斯可夫 . 美国犹太走读学校学科一体化趋势［J］. 民族教育研究，1992（2）.
［174］［美］利奥·罗斯顿，张秋生 . 美国人中间的犹太人［J］. 世界民族，1986（4）.
［175］［美］迈克尔·A. 迈耶，唐裕生 . 反犹主义与犹太认同意识［J］. 民族译丛，1990（3）.
［176］［日］佐藤泉，李红杰，林香顺 . 美国的犹太人——一个不被同化的民族［J］. 民族译丛，1992（6）.
［177］金晓芬 . 论犹太文化在美国的传承与变迁［J］. 新学术，2008（03）.
［178］陈永国 . 身份认同与文学的政治［J］. 清华大学学报（哲学社会科学版），2016，31（06）.
［179］虞建华 . 美国犹太文学的“犹太性”及其代表价值［J］. 外国语（上海外国语学院学报），1990（03）.
［180］胡碧媛 . 犹太文化与犹太身份：美国犹太文学人物剖析［J］. 南京邮电学院学报（社会科学版），1999（02）.

报纸文献

［181］习近平 . 在北京师生座谈会上的讲话［N］. 人民日报，2018-05-03.
［182］习近平 . 在庆祝全国人民代表大会成立 60 周年大会上的讲话［N］. 人民日报，2014-09-06.
［183］习近平 . 在参观《复兴之路》展览时的讲话［N］. 人民日报，2012-11-30.
［184］习近平 . 青年要自觉践行社会主义核心价值观——在北京大学师生座谈会上的讲话［N］. 人民日报，2014-05-05.
［185］习近平 . 决胜全面建成小康社会 夺取新时代中国特色社会主义伟大胜利——在中国共产党第十九次全国代表大会上的报告［N］. 人民日报，2017-10-28.
［186］陈先达 . 建设社会主义文化强国［N］. 人民日报海外版，2017-11-21.

［187］田毅鹏．在比较研究中构建学术话语体系［N］．人民日报，2017-06-19.

［188］汪舒明．犹太人在美国政治影响力提升的原因和经验之三——美国主流社会对犹太人的需要和善意［N］．中国民族报，2011-10-21.

［189］汪舒明．犹太人在美国政治影响力提升的原因和经验之一——犹太人在美国政坛的崛起［N］．中国民族报，2011-9-16.

［190］汪舒明．选票 捐助 舆论 参政——美国政党政治中的犹太因素［N］．中国社会科学报，2016-5-12.

学位论文

［191］陶蕾韬．多元文化背景下的价值冲突与价值认同［D］．北京：北京交通大学博士论文，2015.

［192］姚文帅．国家认同的价值研究［D］．北京：中央民族大学博士论文，2016.

［193］王俭．基于价值尊重与价值认同的教育评价研究［D］．上海：华东师范大学博士论文，2007.

［194］郭宇春．俄国犹太人研究（18 世纪末 -1917 年）［D］．吉林：吉林大学博士论文，2007.

［195］楚琳．美国犹太学前族裔文化课程研究——以康州大哈特福德地区为个案［D］．北京：中央民族大学博士论文，2016.

［196］唐立新．现代美国犹太政治研究［D］．北京：中共中央党校博士论文，2007.

［197］杨阳．以色列与美国犹太人关系研究［D］．上海：上海外国语大学博士论文，2010

［198］魏啸飞．美国犹太小说中的犹太精神［D］．北京：中国社会科学院研究生院博士论文，2001.

［199］汪舒明．大屠杀记忆和美国外交［D］．上海：复旦大学博士论文，2011.

［200］施锦芳．文化的融合：辛西娅·奥兹克小说中犹太道德观和西方美学的研究［D］．上海：上海外国语大学博士论文，2013.

［201］刘金忠．犹太教复国主义研究［D］．西安：西北大学博士论文，2003.
［202］孙晓玲．犹太利益集团与美国中东外交政策（1967–1984）［D］．上海：复旦大学博士论文，2005.
［203］逄媛宁．犹太性与美国化：怀斯与美国犹太教［D］．济南：山东大学博士论文，2010.
［204］朴玉．于流散中书写身份认同——美国犹太作家艾·辛格，伯纳德·马拉默德，菲利普·罗斯小说创作研究［D］．吉林：吉林大学博士论文，2008.
［205］何玉国．本原之思：身份认同与犹太文化——德里达解构论管窥［D］．天津：南开大学博士论文，2013.
［206］潘卫．美国犹太人（1920–1950年）［D］．上海：复旦大学博士论文，2008.
［207］郭荣刚．犹太教与以色列国家价值观的形成、纯化、普及和重构［D］．福州：福建师范大学博士论文，2009.
［208］刘明生．美国犹太传统教育历史初探［D］．中央民族大学，2009.

英文参考文献

［209］Jonathan D. Sarna. The American Jewish Experience. [C]. New York: Hlmes & Meier Publishers, Inc., 1997.
［210］Dashefsky, Arnold, Sheskin, Ira M. (Eds.) American Jewish Year Book 2017[R]. Springer International Publishing, 2018.
［211］Keith Suter, Global Order and Global Disorder: Globalization and the Nation-State (Praeger Publishers, 2003)
［212］Hannah Arendt, The Jewish Writings (Schocken Books, 2007)
［213］Hasiar R. Diner, The Jews of the United States (University of California Press, 2004)
［214］Edward Alexander. Classical Liberalism & the Jewish Tradition (Transaction Pubishers, 2002)
［215］Stephen H. Norwood, Eunice G. Pollack：Encyclopedia of American

Jewish History(ABC-CLIO, 2008)

[216] Steven Nadler, T.M. Rudavsky: The Cambridge History of Jewish Philosophy——From Antiquity through the Seventeenth Century (Cambridge University Press, 2009)

[217] Alan T. Levenson, The Wiley-Blackwell History of Jews and Judaism (Wiley-Blackwell a John Wiley & Sons Ltd, 2010)

[218] Yehuda Halper: Philosophy and the Jewish Tradition (Brill, Global Oriental, Hotei Publishing, IDC Publishers, 2011)

[219] Jonathan D. Sarna. American Judaism: A History[M]. New Haven: Yale University Press, 2004.

[220] Steven M. Cohen. The Impact of Varieties of Jewish Education Upon Jewish Identity: An Inter-Generational Perspective[J]. Contemporary Jewry, 1995,16.

[221] Jonathan D. Sarna. American Jewish education in historical perspective[J]. Journal of Jewish Education, 1998,64(1-2).

[222] Jonathan B. Krasner. American Jews and Education. Encyclopedia of American Jewish History[M]. ABC-CLIO, Inc., 2008.

[223] Mordecai M. Kaplan, Bernard Cronson. Report of Committee on Jewish Education of the Kehillah (Jewish Community) Presented at its First Annual Convention, New York, February 27, 1910[J]. Journal of Jewish Education, 1949, 20(3).

[224] Beth S. Wenger, History Lessons: The Creation of American Jewish Heritage[M]. Princeton and Oxford: Princeton University Press, 2010.

[225] Mordecai M. Kaplan, Judaism as a Civilization: Toward a Reconstruction of American-Jewish Life[M]. New York: Thomas Yoseloff, Inc., 1957.

[226] Hasia R. Diner. The Jews of the United States, 1654 to 2000[M]. University of California Press, 2004.

[227] Schick, Marvin. A Census of Jewish Day Schools in the United States[R]. New York: Avi Chai Foundation, 2000.

[228] Paul Mendes-Flohr, Jehuda Reinharz. The Jew in the Modern World: A Documentary History[M]. New York: Oxford University Press, Inc.,

2011.

[229] Samson Benderly. Jewish Education in America[J]. Jewish Education, 1949, 20(3).

[230] Israel S. Chipkin. Jewish Education in the United States at the Mid-Century[J]. Religious Education, 1953,48(5).

[231] Leo L. Honor. Unity in Diversity. Address to the Philadelphia Council on Jewish Education. Nov 30, 1944. Abraham Gannes, ed., Selected Writings of Leo Honor[M]. New York: Reconstructionist Press,1965.

[232] Issac, Unterman. Jewish Education[M]. Philadelphia: Federated Press, 1944.

[233] Arthur A. Goren, New York Jews and the Quest for Community: The Kehillah Experiment, 1908–1922[M]. New York: Columbia University Press, 1970.

[234] Barry Chazan, Robert Chazan, and B. M. Jacobs. Cultures and Contexts of Jewish Education[M]. Springer International Publishing, 2017.

后　记

在现代化和全球化的历史进程中，人类社会的交往方式发生了根本性的变革。“人们意识到了我与他者的互动的复杂关系，自己和他者都不再是明确的概念了，因为自己和他者都只能在变化着的关系（对话、交往、混合）中获得重新定位和重新调整，就是说，不再可以把自己看作是不动点或者常数。”① 在这样的背景下探讨价值认同的问题，我们不能将其视为静态的、给定的、规范性的，而应该意识到价值认同既表征着个人或群体的身份与价值特性，又暗含着这种特性的生成和演变过程，并且始终处于矛盾运动之中。因此，本书在研究的过程中以“张力”为切入点，努力挖掘到美国犹太人价值认同“矛盾生出的地方”。

在一片“美国犹太人行将消失”的质疑声中，美国犹太社团不但保持了自身的存续，并且经由几次大规模的移民潮而发展壮大成为一支兼具实力与活力的族群。实际上，美国犹太人价值认同所面临的多重内在张力既受制于特定的社会历史条件，又内源于犹太文化独特的精神品性。价值认同问题始终是犹太社团密切关注的核心话题之一。对于这一问题学界的看法不一，但大体上都遵循了探寻犹太族群边界、描摹犹太社团现实样态、融通犹太群体与个体心理等路径，并在近些年发生了从规范性向描述性、从静态性向动态性、从本质主义向建构主义、从群体价值到个体意义的深刻转变。这些都为我们理性认知价值认同问题提供了有益启示。

我们从文化历史的角度切近美国犹太人价值认同的内在张力，得出了以下结论。首先，美国犹太人的价值认同与其生存境遇紧密相关，美国犹太人身份界定和人口统计的困境使得价值认同问题越发凸显。其次，美国

① 赵汀阳．认同与文化自身认同［J］．哲学研究，2003（7）．

犹太人的价值认同存在着传统与现代纠葛中的历史张力、宗教与世俗矛盾中的信仰张力以及犹太人与美国人同构中的身份张力，而作为对张力的回应，美国犹太人开展了丰富而鲜活的教育实践活动，且成效颇丰。再次，我们发现美国犹太人价值认同的矛盾和张力实际上能够在其深层的文化品性中找到相应的印记。同时我们也意识到美国犹太人的价值认同存在着明显的局限性，使美国犹太人无法划定其身份边界、无处安放其价值信仰，甚至对几千年来所渴求的个人自由也显得无所适从。最后，我们透过对美国犹太人价值认同的研究，更加深入地了解到犹太文化的样本意义，并获得了一些有关价值认同研究的方法论启示，这些对于推进思想政治教育学科的建设、把握国外思想政治教育具象化形式等都具有重要的意义。

尽管本书试图最大程度地还原美国犹太人价值认同的真实面貌，但是本书现有研究距离理想预期仍存在着一定的差距，主要原因有以下几个方面。首先，对犹太人和犹太文化的研究历来是学术界的难点之一，对其价值认同的研究更是难点中的难点。犹太文化本身的复杂性及其充满悖论的精神特质，尤其是在流散历史上犹太族群和犹太文化呈现的多样化特征，使我们很难拨开重重的现实迷雾去接近他们的价值特性。其次，犹太人的价值观念体系无时无刻不处在建构和强化过程中，又无时无刻不处在解构和修正过程中，因此我们对其价值认同的分析也不可能是一劳永逸的，只能以实践的、发展的眼光来看待犹太价值认同的动态特性。最后，尽管笔者利用赴美访学的时间搜集并学习了的大量的一手素材，也结合价值认同问题对多位美国犹太人进行了深度访谈，但是面对着如此深厚而复杂的犹太问题，亦常有能力不足之感。作为初学者的我不得不花费大量的时间和精力在一些看似基础性甚至是常识性的问题上。只有在逐步了解犹太问题基本的名词与概念、学习犹太的历史与传统、体察犹太的宗教与生活之后，方才觉得渐渐进入到了学术研究的话语语境，开始能够与美国犹太人在学术层面展开对话。笔者将继续致力于深入探讨和挖掘该问题的学术潜力和现实意义。

选择美国犹太人价值认同这一研究主题，实际上得益于东北师范大学思想政治教育研究中心多年来在比较研究领域的艰苦探索与不断深耕。首先要感谢中心主任、我的恩师杨晓慧教授，是他的知遇之恩直接改变了我的人生轨迹。杨老师不仅仅是我学术上的领路人，更是我精神上的领航者。

在彷徨与困顿中，他给予我信任与信心；在挫折与失误中，他给予我耐心和鼓励。作为团队的一员，我有幸获得了赴美国宾夕法尼亚大学访学一年的机会。期间，借助美国宾夕法尼亚大学“犹太研究”项目资源，师从宾大历史系主任贝丝·魏格纳教授等著名犹太学者，就美国犹太人价值认同问题开展了学术研究。同时我还走访了美国著名公益教育研究机构“面对历史、正视自我”（Facing History and Ourselves），就犹太教育问题进行了深入的学术交流。此外，我在宾夕法尼亚大学的合作导师迈克尔·纳库拉教授也从教育心理学的角度为我的写作提供了无私的帮助和重要的启迪。这段访学经历，让我有机会深入到美国犹太人的生活环境，与他们进行面对面的交流。期间，我还访谈了十余位著名的犹太学者，走访了纽约著名的犹太聚居区，参观了多个极具代表性的犹太纪念场所。这些宝贵的经历，让我对美国犹太人的价值认同问题有了更加直观而深切的感知。斯坦福大学托马斯·欧立希教授和他的女儿伊丽莎白女士也以美国犹太人的身份与我分享了他们对价值认同问题的宝贵见解。已经 84 岁高龄的欧立希教授还亲自从大洋彼岸为我邮寄所需的文献材料，这份支持与厚望也时时感动并激励着我。此外，我还要感谢东北师范大学思想政治教育研究中心的每一位同仁、每一名学生。他们的支持与帮助、他们的努力和优秀是我不竭的动力源泉。真心感谢各位！

最后，要感谢长期致力于犹太文化和认同研究的诸位前辈，前辈们的艰辛探索和丰硕成果为本书奠定了坚实的基础。本书得以完成，正是站在这些“巨人”的肩膀上。本书在一定意义上就是学习研究前辈成果的结果，是后学者向前辈们的学习汇报。本书在写作过程中借鉴和参考了许多前辈的研究成果，虽然已尽量随文注出，但未能注明的一定还有，在此向各位前辈表示感谢和歉意。因为资料与能力有限，书中疏漏、错误及不妥之处难免，敬请批评指正。

孟茹玉
2020 年 4 月于长春